学习脑科学

脑医学の先生、頭がよくなる 科学的な方法を教えて下さい

[日] 泷靖之 乡和贵————著

潘郁灵————译

国际文化出版公司

·北京·

序 言

我今年44岁，以写作为生。对于现阶段的我而言，最关心的事莫过于"孩子的将来"了。

我的女儿今年4岁，想必等到她长大成人，步入社会的那一日，这个世界一定又发生了翻天覆地的变化吧。

虽无法预测未来，但我一直在想，为了让她乐观、幸福地过完这一生，我是否能做些什么呢？我应该如何教育孩子？我思考了很久，却迟迟没有找到满意的答案。

为了让她顺利通过小学的入学考试，我给她报了补习班。可是看到孩子兴趣全无的模样，这个事情最终也就不了了之了。

虽然在学校里无法学到所有重要的知识。但是，随着全球化的深入发展，英语已经成为这个时代中必不可少的一项技能。而随着人工智能（AI）的普及，数学也成了一门非常重要的学科。

但是，我也不想变成一个每天都在孩子耳边不停唠叨着"快去念书"的父亲。那么，究竟应该让孩子接受什么样的教育呢？

就在我苦恼之际，我的老朋友——职业编辑T先生恰巧和我聊到了这个话题。他说自己有一个正在读小学的儿子，如今也正为孩子的教育而烦恼。

T先生说，他读到了一本关于孩子"大脑"的书籍，"里面的观点十分新颖"。

为了让现在还在读小学的儿子顺利通过中学的入学考试，我给他报了补习班，可是孩子的成绩依旧特别特别差……尤其是数学成绩，简直可以用"一塌糊涂"来形容了。

后来，我遇到了日本东北大学的泷靖之老师，并和他聊到了儿子的事情，他给了我一些建议，我半信半疑地尝试了一段时间，没想到短短几个月后，孩子的成绩真的有了迅猛的提升，着实让我震惊不已。

泷老师是日本东北大学的"大脑"专家，同时也是一名医生，而且在研究之余还成立了自己的公司，所以也兼具了企业家的身份。与此同时，他还在自己的著作中详细分析了孩子大脑的发展规律并且提供了关于学习方法的建议。

于是我接受了编辑 T 先生关于"不如与泷先生合著一本书如何"的提议，他还告诉我"你有什么想问的都可以问他"。

我是文科生，对大脑的构造自然一无所知。我向来觉得，大脑的好坏是天生的，谁也无法靠后天的努力来改变，更别提通过改善大脑机能来提升成绩了，这真的能行吗？

我想问的问题堆积如山。

于是，这本书就诞生了。

请允许我从这些问题的结论开始本书的介绍。

所谓的"聪明"，其实包含了许多方面。
人的智力和努力成正比。
人的大脑发育是贯穿一生的，即使上了年纪，也有办法常葆大脑年轻。
要想避免大脑停止成长，那便不能放弃"努力"。

我请教了关于培养孩子大脑能力的方法后，发现其实这个方法也可以用于促进大人的大脑成长。

像我这种年过 40 的人，已经开始出现健忘、偶尔想不起某些固定名词、注意力下降等问题了。老师的方法不仅可以解决这些问题，还能有效预防老年痴呆。

随着脑科学的不断发展，人们对大脑结构也有了许多新的认知，真是令人大开眼界。

希望所有与我有着相同烦恼的读者，都能通过本书获得新的启发。

乡和贵

学习脑科学

海 马

IQ

第 2 章

提高成绩的"6大秘诀"

名校学生共有的特质

第 **3** 章

大脑发育路线图

在合适的时间做正确的事

第 **4** 章

受益一生的大脑规律

让 头 脑 始 终 保 持 敏 锐

来吧

第 5 章

简单有效的用脑习惯

随时随地变聪明

游戏化

第 6 章

提升脑力的终极武器

元认知

泷靖之老师

日本东北大学 加龄医学研究所 教授

儿童大脑发育及成人大脑衰老方面的专家。至今为止，共对16万人的脑部核磁共振（MRI）图像进行过读影、解析。除了医生、医学博士的身份外，还是一个小学生男孩的父亲。

听众 乡和贵

作家，总是牵挂孩子的将来，家中有个4岁的女儿。想请泷老师指导让儿童大脑变聪明的方法。

编辑 T先生

与泷老师聊了聊正在读小学的儿子的学习问题，在尝试了老师的建议方法后，儿子的成绩突飞猛进。

第 1 章

如何教出
聪明的小孩？

顺应大脑规律就可以！

1

让孩子变聪明的"5大要素"

优等生 ≠ 书呆子

🔵 怎样才能持续提高积极性呢?

泷老师,您好!

您好!

我从编辑老师那里得知您懂得如何 **"让头脑变聪明"** 的方法。
听说 T 先生的孩子在听了您的建议后,成绩在短短几个月的时
间内,取得了突飞猛进的进步!

T 先生儿子的成绩提升,离不开他自身的努力。关键还在于他
能保持不懈努力的劲头。

的确,努力学习是取得进步的根本原因。但我很好奇,究竟是
什么让他有了坚持学习的动力呢?

我给 T 先生发了一封邮件,向其询问具体是如何提升孩子的积
极性的。

做两件与学习无关的事情

泷老师告诉我，无论做什么，只要是孩子能感兴趣，就要鼓励他坚持到底。因此我让孩子做了以下两件事。

第一件事是"骑自行车"。孩子没有使用辅助轮，所以比朋友花了更长的时间才学会了骑自行车，但也因此迷恋上了骑自行车。自从换了新的自行车，他几乎每天都要骑车出门。每逢假期，还会骑着车和我一起出远门，甚至可以一口气轻松骑行将近10公里，体力也因此得到了大大的提升。

另一件事是"观看足球比赛"。我带他去看了当地的足球"联赛"，他非常喜欢，于是我们也就时常前去观看。我还给他买了选手名录，而他居然还把选手的名字和历史成绩全都记了下来，就连全国球队的常驻地和当地特产都了如指掌。

做这些看似与学习完全无关的事，真的有效果吗？

虽然看似与学习无关，但这也对孩子大脑的发育很有帮助。

刚开始,孩子的成绩很差,也不爱上补习班,但自从喜欢上骑行和观看足球比赛后,就在不知不觉间变得积极了许多。

按照老师的建议,我也时常鼓励孩子:"也无须太过勉强自己学习,无论你取得什么成绩,我都会支持你的!"而且无论他成绩如何,我都会对他的努力给予肯定,他的成绩也就逐渐提高了。后来他告诉我:"只要努力就能做好,现在我觉得上补习班也是件很开心的事!"

孩子能够体会到学习的乐趣才是最关键的,在学习方面的"主动性"可以大大促进大脑的发育。

我也常对女儿说:"无论发生什么事,爸爸都会站在你的身边,爸爸会永远支持你的。"我做得对吗?

您做的是对的。而且,我发现 T 先生的行为中已经囊括了让孩子变聪明的 "5 大要素"。

5 大要素?

就是 "长期热爱" "求知欲" "自我肯定感" "灵活思维" "生活习惯" 这 5 种要素。

让孩子变聪明的"5大要素"

①长期热爱
②求知欲
③自我肯定感
④灵活思维
⑤生活习惯

● 持久的热忱有利于大脑发育

T先生的儿子热爱骑行和观看足球，如果能长期坚持下去，便会成为"长期热爱"。

即使与学习无关，但只要是孩子热爱、感兴趣的事，都要鼓励他们坚持下去吗？

是的。我曾主编过《"东大脑"的培养方法》[1] 一书，我发现东大学生都有一个共同点，那就是对音乐、体育等领域有着超乎寻常的热爱。

哇，东大学生也热衷做与学习无关的事呢。

之所以要让孩子对自己感兴趣的事坚持到底，是为了培养"求知欲"。T先生的孩子喜欢看足球比赛，连足球选手的名字和过去的成绩都了解了，不知不觉就掌握了大量的知识，并且是自己主动记住的，这正是求知欲的厉害之处。我认为求知欲正是"大脑成长的原动力"。

哇，这么快就得出结论啦！确实，死记硬背太痛苦了，但如果是自己感兴趣的事情，就可以轻松地记住了。

大脑中有一块叫"杏仁核"的区域，专门负责判断人的喜好和厌恶，并且与旁边的"海马体"关系十分密切[2]。海马体负责记忆，所以在二者的相互配合之下，对于喜欢的事，我们不费吹灰之力就能牢牢记住。

好厉害啊。但是如果记住的是与学习无关的事情，对成绩也不会有太大的帮助吧？

这可不一定哦。在感兴趣的领域里不断探索，可以让我们的大脑变得越来越聪明。那么当自己想要学习时，聪明大脑的优势就会体现出来。

而且，若连联赛的地点和当地特产都能记住，那在小学生里也能算得上是个博学之人了。这虽然兴趣和学习无关，却能在潜移默化中促进学习。

这么一想，还真有道理呢！看足球赛的过程中其实还顺便学了地理知识。乍一看毫无关联，其实暗藏联系。

● 表扬努力而非表扬结果

我也认为"自我肯定感"是非常重要的，我也想提高女儿的自我肯定感，但是应该怎么做呢？

与其肯定孩子的成功不如表扬孩子的努力。肯定孩子的努力，能让孩子看到自己成长的希望，即使失败了也可以重新挑战，如此一来，孩子的自我肯定感就会大大提升。

原来如此，我们总是不自觉地关注事情的结果。小孩嘛，每做一点儿事情，就会一脸骄傲地说："快看！"然后我就会直接表扬孩子的成果——"你做得真棒！"

我非常理解这种心情，不过如果您对孩子说"你每天都在练习，真了不起"或是"你能鼓起勇气挑战，真棒"，那么孩子就会觉得自己的努力得到了肯定。

一项以小学五年级学生为对象的研究结果表明，因努力得到表扬的孩子，比因成绩得到表扬的孩子更乐意学习。而且即使失败了，因努力得到表扬的孩子也更能勇敢地正视困难。[3]

另外一项以大学生为对象的研究结果表明，认为只要努力就能成长的学生，与不这么想的学生相比，更能认真设定学习目标，也更容易在遭遇失败后重新振作。

我小时候就只在乎成绩，一旦考不好，就光想着"怎么毁灭证据"……

只肯定结果的做法，会让孩子在失败的时候觉得"没能成功的自己真是一无是处"，从而一蹶不振。如果肯定孩子付出的努力，那么即使失败，他也能鼓起勇气再次挑战。

即使失败也不服输的勇气，就是"坚忍不拔的意志"[4]。不要自己灭了自己的威风，要相信只要去做就能成功，要有挑战的勇气。

"坚韧"并非"硬邦邦"的僵硬状态，如果我的孩子也能这么想就好了。

● "生活习惯"为大脑打下基础

那么，最后的"生活习惯"指的是什么呢?

俗话说得好，"会睡的孩子长得快"。这里的成长除了身体，也包括大脑的发育 [5]。只要睡眠充足，大脑就会健康成长。
同样，通过饮食来摄取充足营养，注意身体锻炼，也能为大脑的成长打下良好的基础。这些可以统称为"生活习惯"。

我一直都很重视孩子的睡眠和饮食。为了避免女儿睡眠不足，我也很注意保证她的睡眠时间，而且经常叮嘱她要按时吃早饭。不过，运动也不能少吗? 平时我也只是让她在公园里玩玩而已……

对4岁的孩子来说，这个运动量已经足够了。有的孩子不爱运动，所以要找到能让他们坚持下去，并觉得快乐的运动。例如 T 先生的孩子喜欢骑自行车，这就是一项不错的运动。

确实，运动也要结合自身的兴趣，这样才能保证长久的积极性啊!

2

智力具有可塑性

学习能力比成绩更重要

● 智商（IQ）的50%是后天形成的

其实我也有一个正在读小学的儿子，我给 T 先生的建议不过就是我平常对自己儿子的要求罢了。

我的家人们都有睡前一小时阅读的习惯，于是儿子在我们的影响下，也很喜欢看书。而且他最近还迷上了化学，于是我就给他买了"分子构造模型"。于是他就总是尝试着做各种分子。

喜欢化学的小学生，这也太厉害了！

我听了您关于让孩子变聪明的"5 大要素"的介绍后，真是受益匪浅。但是父母究竟要怎么做才能让孩子变得更聪明呢？我觉得这个真是太难了。大脑聪明与否，很大一部分是由先天决定的，不是吗？

您提出了一个好问题。事实上，有研究表明，**人的智商（IQ）有一半是后天形成的**[6]。虽然众说纷纭，但至少这个结论表明，我们完全可以通过后天的不断努力来提高 IQ。

您的话深深鼓舞了我！

所谓的 IQ 就是衡量大脑聪明与否的标准吗？

大部分情况下，我们都将 IQ 视为衡量大脑综合认知能力的标准，但是归根结底，这不过是大家在寻找"能够评价一个人聪明与否的方法"后，得出的一个假设性标准而已。

发明 IQ 测试项目的人应该也觉得"这并非是绝对的衡量标准"。只不过认为还是有一个"大致统一的标准"比较便于操作。

的确，聪明与否，本就不存在绝对的衡量标准。学校的考试和偏差值*也是如此。

就是这么回事。我并不是在否认统一标准对社会的必要性，但我觉得社会不应被标准所左右。

有的学生在日本学校教育的体系里并不优秀，但他在国外的环境里却可能十分出色。进入社会后也是如此，如果一个人不符合公司的人事评价标准，也可以选择自己创业。

真是听君一席话，胜读十年书啊！（哭）
我心满意足了！

我们再聊聊吧！（笑）

---

* 所谓"偏差值"，是日本学校用来衡量学生成绩的一种方式，它是指个人成绩相对于平均成绩的差值，反映的是每个人在所有考生中的水准顺位。——译者注（后文的页下注均为译者注）

● 头脑的哪项机能可以提高"孩子的学习能力"呢?

对了,不知道您想跟我了解什么呢? 如果笼统地说"关于孩子大脑的成长",可能会有些无从入手。不如找到一个"切入点"来具体聊聊。

我想知道的是,我们作为父母,要怎么做才能让孩子坚强生活、快乐一生呢?

但另外一方面,我也很关心应在几岁让孩子去辅导班,小的时候学些什么比较好,怎么提高考试成绩等问题。所以总体来说,我关心的还是如何让孩子变得更聪明,如何提高他的学习能力。

这也是天底下所有父母最关心的问题了。而且,我认为也不必否定"学习能力主义"。研究表明,学习能力强的人在面临前进道路的选择时,可以更快地做出决定,也更容易获得社会方面的成功。[7] 同时,学习能力的高低也与自尊感(自我肯定感)和健康有着密切的联系。[8]

也就是说,孩子的学习能力越高,生活幸福的可能性也就越大吗?

一般来说是这样的,许多科学研究结果也证实了这一点。

中国和韩国的父母非常重视孩子教育,坚持不让孩子输在起跑线上。但是只有这么拼命才能得到幸福的未来吗?

如果孩子自己能乐在其中自然好,但如果孩子很排斥,其实也没有必要强迫他们这样做。

您这么一说，我就放心了。其实，我也给女儿报了幼升小补习班，但她表示"太难受了"，于是我也就放弃了……

也不用太过焦虑。

有研究表明，那些接受过早期教育的孩子，在进入小学的高年级后，早期教育对 IQ 的影响也出现了减弱的趋势[9]。当然，也有一些孩子因为接受了早期教育而比同龄人进步得更快。

我不想强迫孩子学习，不想让孩子觉得"学习是一件很痛苦的事情，我是被逼学习的"，也不想孩子认为"只有听父母和老师的话，才是好孩子"。

我完全同意您的观点。这么想的孩子，总有一天会停滞不前的。无论是学习还是其他方面，孩子的主动性和能动性都是极重要的。不重视这些，大脑就得不到良好的刺激，也就无法坚持下去。

原来如此！想要让孩子的大脑成长，就需要持续给大脑以有益的刺激，从而激发大脑的能动性。所以不一定只是学习，只要孩子能找到兴趣并坚持下去，也一样可以达到这种效果，是吧？

没错！父母的职责就是为孩子创造机会，让他们找到为之奋斗的目标。

● 三天打鱼两天晒网也没关系

前几天，我买了一个可以编程的机器人，但是女儿不感兴趣，结果这个机器人成了我自己的玩具。（苦笑）

我一直在想，父母能为孩子的头脑发育做些什么呢？像这样**不断尝试，帮助孩子寻找自己兴趣**的方法也是正确的吧。

是的。在不断尝试的过程中，我们会找到孩子真正感兴趣的事情。即使此事与学习没有直接关系，只要孩子能全身心地投入，就能促进大脑的成长，这对未来的发展也有诸多裨益。

即使半途而废也没关系吗？毕竟不是所有练过体育和音乐的人，最后都能成为优秀的运动员或音乐家。

三天打鱼两天晒网也完全没关系。每一次经历都是很宝贵的经验。不要批评孩子"你怎么又半途而废了"，而是**应该鼓励他不断挑战**。

实际上，目前许多关于"如何提升孩子的学习能力"的研究结果都表明，一些看似与学习无关的运动、音乐等爱好，都有助于提高孩子的学业成绩。

我特别想了解这一部分，请您一定倾囊相授。

那么，在下次见面之前，我会将包括最新研究在内的资料总结好，再于第 2 章内进行解答。

太好了，我非常期待！

3

给大脑正向刺激

大脑"锻炼"越多越优秀

● "大学毕业了两次"

老师，您为何如此了解大脑的发育呢？

我第一次进大学，是在理学部的生物系研究人类血液红细胞。不久后我觉得，自己并不满足于这类基础性研究，而是想做一些真正对社会有用的事情。于是我毕业后重新参加了入学考试，并进入医学部学习。
后来就在日本东北大学的老年医学研究所开始了大脑方面的研究。

所以您大学毕业了两次？
好厉害啊！

迄今为止，我分析过约 16 万人的脑部核磁共振成像，下至 5 岁孩童，上至八十多岁的老人。见过的大脑截面图也不计其数。
提到老年医学研究所，很多人可能都会觉得这是面向老年人的研究机构。但事实上我们的研究范围很广，包含了从出生到去世的整个过程。

16 万人，这太令人难以置信了。那么看完这么多大脑结构，您有什么发现呢?

发现的可太多了，归纳起来就是——孩童时期的大脑发育会极大地影响其未来的人生。

例如，在我调查了睡眠时间和"海马体"大小的关系后，我发现平均每天睡 8~9 小时的孩子，其海马体的体积比平均每天只睡 5~6 小时的孩子大 [5]。

也就是说，"睡眠有利于海马体发育"对吗？

那海马体究竟是什么呢？

海马体位于大脑内侧颞叶的深部，因形状酷似海马而得名。海马体是大脑的"记忆仓库"，负责判断从外界新获得的短期记忆是否需要转成长期记忆。判断完毕后，它会将需要长期记忆的信息输送到前颞叶。另外，海马体还有一项功能是回忆起保存的记忆。

海马体位于大脑内侧颞叶的深部

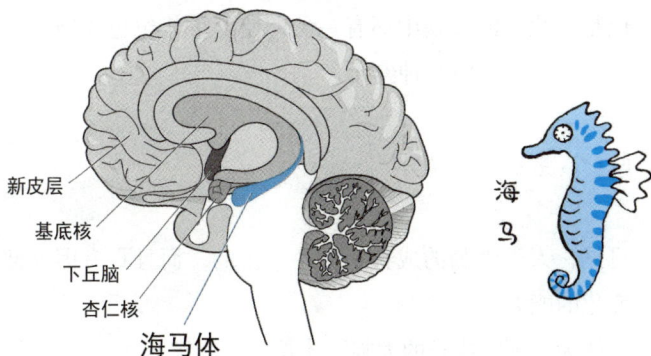

新皮层
基底核
下丘脑
杏仁核
海马体

海马

这是个很重要的组织呀！那么，是不是体积越大，海马体的记忆效果就越好呢？

的确如此。患上阿尔茨海默痴呆症*的老年人，脑中的海马体会首先萎缩[10]。这种萎缩一开始会影响短期记忆，短期记忆发生障碍后，老人就会忘记吃过早饭，或是反复说同样的话。接着，海马体的萎缩又会导致控制高级认知功能的额叶萎缩。

好可怕。
我得好好保护海马体，不能让它萎缩。

● 即使上了年纪，海马神经细胞也会不断新生

虽然人类的大脑中约有 1000 亿个神经细胞（神经元），但您知道吗，绝大部分的神经细胞不会通过细胞分裂而新生，一旦死亡就结束了。

我听过这种说法。也就是说，人脑的神经细胞是在不断减少的。

但是，我们的大脑中还有一种即使上了年纪也能新生的神经细胞[11]，那就是海马神经元。

哇！真是不可思议啊！

可见，人类大脑的成长是贯穿一生的，而且具有因外部刺激而变化的能力。
我认为"不断成长的大脑"才是理想的状态。

---

* 痴呆症有多种，阿尔茨海默症是最常见的一种痴呆症。

孩子的大脑肯定是在不断成长的，这一点自不必说。那么成人的大脑也能继续成长吗？其实我每天都在想办法努力减缓大脑的老化……

可以的。成人的大脑只要不断地接受刺激，也一样可以持续成长。可以因外部刺激产生变化的能力，被称为"大脑的可塑性"。反之，如果觉得"已经上了年纪，不行了"而放弃，那就真的不会进步了。"只要想做就能做到"的这种坚韧不拔的意志，对成人来说也是非常重要的。

难道刚才提到的让孩子变聪明的"5大要素"对成人也有效吗？

的确如此。对孩子大脑成长有利的事情，对成人的大脑也同样有效。

● 成人的大脑也能通过锻炼得到成长

但是除了海马神经元以外的神经细胞都会死亡，对吧！那么，成人的大脑如何成长呢？

无论是孩子还是成人，大脑在处理信息的时候，都会通过神经传导路连接神经细胞，构建起一个复杂的网络，神经细胞之间的联络越活跃，大脑的体积就越大。
孩子大脑的网络构建速度非常快。成年人虽然在速度上处于劣势，但依旧可以通过新的刺激，让大脑不断强化已有网络，或拓展新的网络。

连接神经细胞构建网络

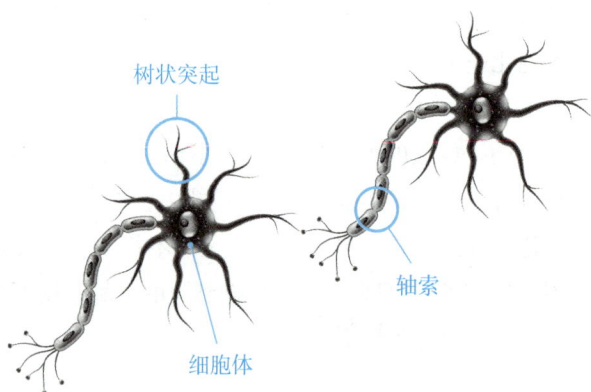

树状突起

轴索

细胞体

所以，哪怕是成人，也应该不断努力啊。

2004 年刊登在科学杂志《自然》上的德国大学研究团队报告 [12]，以及其他相关领域的研究报告，也都证实了这一点。

那么我们要怎么做，才能不断给大脑以刺激呢？

经常用脑，适当给大脑"加量"，就能不断刺激大脑。每天做同样的事对刺激大脑不会产生太大的效果，只有不断挑战新的事物，才能不断刺激大脑。

可是压力太大，难道不会导致细胞过劳死吗？

其实并不会。（笑）
在给大脑"加量"的同时，大脑也会通过扩大网络来减少传达信息所需的能量消耗。因此"加量"有利于构建新的大脑网络，或强化旧的网络。

原来大脑也需要节省能量啊。

您是否听说过大脑的重量不超过体重的 2%，但是消耗的能量却占了总能量的 20% 左右。

啊，这个听说过！

因此，为了提高效率，大脑会自动强化网络，删除无用网络以节约能量。

● 挑战自己真正喜欢的事

说到给大脑"加量"，我能想到的就是解谜、做脑力急转弯了，这种方式可以吗？

总体来说一个原则：做喜欢做的事，不要勉强自己。因痛苦而产生的压力，反而会让海马体萎缩。
无论是工作还是兴趣爱好，只有感兴趣的事，才能算是给大脑"加量"。

这和培养孩子的"长期热爱"是同样的道理吧！兴趣是坚持的最佳动力。

我也在不断挑战新的兴趣爱好。最近我迷上了钢琴、鼓、滑板、肌肉锻炼等。而且我还特别喜欢

拆装旧车，所以我的大脑网络应该很忙吧。（笑）

只有喜欢的事，才能积极主动地去做，也会更有效果。

确实如此。我认为成人更应该积极地努力，"求知欲"是很重要的。就像刚刚也提到过的，"求知欲"是大脑的原动力。热衷于让自己快乐的事，就能自然而然地给大脑"加量"了。

的确，我觉得藤井聪太*肯定不讨厌将棋**。

还有数据表明，越长寿的人好奇心也越强烈。在对百岁以上的老人进行调查后发现，他们与 60~80 岁的老人相比，无论男女都有着极高的求知欲 [14]。

说不定还可以预防老年痴呆呢，看样子兴趣真是很重要啊。

---

* 藤井聪太，日本将棋运动员，2002 年出生，爱知县濑户市人，他是第一位在 21 世纪出生的职业将棋棋手。

** 日本棋类，类似象棋。

4

避免用脑误区

不良习惯会"杀死"脑细胞

● 人类的大脑从后部开始发育

除了怎样才能提高孩子的学习能力外，您还想了解些什么呢？

除了提高学习能力的方法外，我还想知道该如何判断"应该让自己的孩子做什么"。孩子的发展是因人而异的，有些事情别人家的孩子能做到，自己的孩子却做不到，这也是常理。

的确，孩子的大脑成长存在个体差异。但是，每个年龄段适合培养的能力类型是大致相同的，所以我们应首先考虑这个方面。这部分我们将在第 3 章中详细说明。

太好了。我的女儿今年 4 岁，所以我也一直在想"4 岁的孩子应该如何教育比较好"的问题。

大脑的发育虽然存在个体差异，但成长的顺序和时期还是有其固定的规律。因为大脑属于从后部开始发育的器官[15]。

大脑从后部开始发育，从前部开始衰老

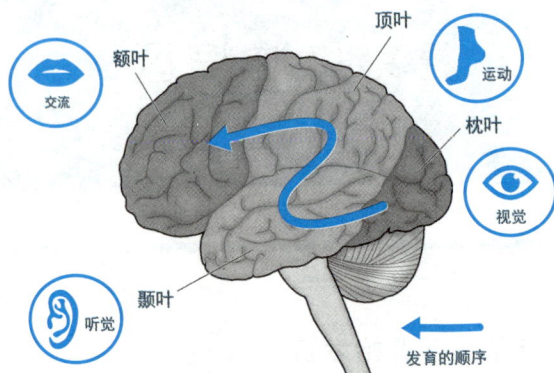

位于后侧的枕叶和颞叶自出生后就进入发育阶段。3岁儿童的视觉和听觉水平，基本与成人无异。3~5岁开始，位于大脑中央的顶叶开始发育，运动能力逐步增强。

这么说，我女儿现在的运动能力正处于发育阶段吧。

是的。最后进入发育流程的，是位于大脑前方的额叶。上小学后，孩子的思考、感情、语言、沟通等能力都会逐渐提升。发育快的孩子在12岁左右的青春期就会达到额叶发展的顶峰，也有部分人会在20岁左右才能达到。额叶发育完成后，大脑的体积达到最大值，完成从儿童大脑转变为成人大脑的过程。

这么说来，我女儿可能会在8年后达到顶峰。那我要继续开发她的大脑了，基础可得牢固才行啊。

● 上了年纪后，大脑就会萎缩……

发育成熟后，就是成人的大脑了。接下来，等待大脑的就是衰老了。最后发育达到顶峰的前额叶，恰恰也是最快开始萎缩的。请记住，大脑是"从后部开始发育，从前部开始萎缩"。所有人上了年纪后，大脑都会出现不同程度的萎缩，且与我们的健康状态并无直接联系。下图是 40 岁、51 岁、60 岁和 70 岁健康男性的脑部核磁共振图像。年纪越大，中央 X 形的白色部分（脑室）就越大。这也正是大脑萎缩的症状。

健康的人上了年纪后大脑也会萎缩

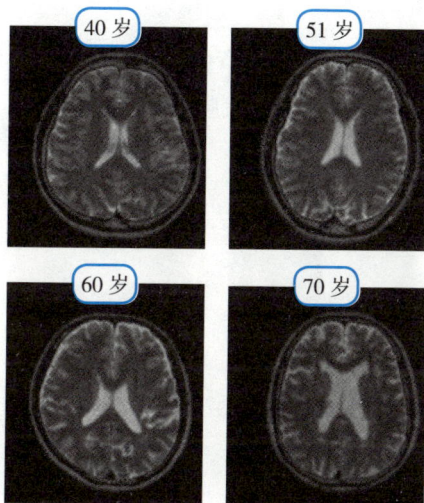

※ 不同年龄男性的核磁共振图像

好可怕！其实我在二十多岁的时候，曾经因为抑郁症休息了一年。从那以后，总觉得脑子比以前转得慢了，这可怎么办……

确实，抑郁症患者的额叶和海马体会萎缩，这对大脑的机能也会产生短暂性影响[16]。但您现在不也每天都忙着写文章吗？不用担心啦。

但是，我想再提高些写稿的速度。怎样才让大脑转得更快呢？

正如我们刚才说过的，对孩子的大脑有益的一切，对成人的大脑也是有益的，这其中最根本的就是"5大要素"了。除此之外，也要避免做一些会加速大脑衰老的事情。

那么，可以请您指教吗？

当然没问题！在第4章中，我会谈谈成年人如何提高大脑机能，以及应避免哪些损害大脑机能的行为。

谢谢，非常期待！

第 2 章

提高成绩的"6大秘诀"

名校学生共有的特质

执 行 力

加强"执行力"的训练

● 全球课题之"孩子的学习能力"

老师，接下来可否请您指导一下如何才能提升孩子的学习能力。

我查阅了许多论文，也包括最近的一些研究成果。在上一章中我们也曾聊到，这个问题已经成了一个全球课题。

这可以说是全世界的父母都在关心的问题了。

我阅读了大量论文，发现许多研究都是从以下这6个方面切入的，而且都非常具有科学信服力。换句话说，这也能被称为提高成绩的"6大秘诀"。

提高成绩的"6大秘诀"

①执行力（执行功能）
②求知欲
③创造力
④沟通力
⑤自我肯定感
⑥坚毅力

我们在上一章中已经重点说过"求知欲"和"自我肯定感"了。但尚未提到过"执行力"和"坚毅力"这两点。

这些都可以视为与大脑相关的能力。在分别解说的同时，我也会介绍能力的提升方法。
那就先从"执行力"开始吧。

● 聪明孩子一般都是处于"前额叶皮层彻底激活"的状态

"执行力"的说法，我还是第一次听到呢。它的英语是什么呢？

前额叶皮层是高级认知功能的"司令塔"

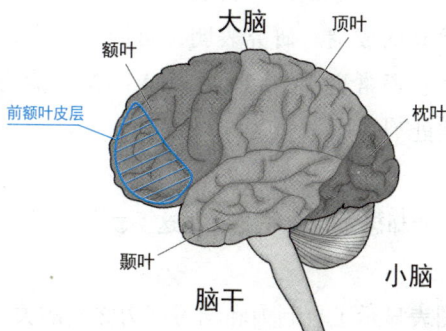

执行力也叫执行功能，写作"Executive Function"。主要是指"人类特有的高级智力功能"，主要与大脑中的前额叶皮层相关[1]。前额叶皮层位于额头正后方，也就是额叶的前部。实际上，大脑的每个部分都有着各自的功能，前额叶皮层就像是整个大脑的"指挥官"一样。

那么具体来说，它有哪些功能呢？

具体来说，就是制订计划、预测、解决问题、设定目标，以及自制力——抑制内心冲动能力等认知能力[2]。而且也会影响人的逻辑思考能力。执行力强的人，可能就是所谓的"思维敏捷的人"。

涉及的范围居然这么广啊。执行力强的孩子会自觉设定目标，制订计划，且拥有优秀的自制力，这确实对成绩的提升很有帮助。
所谓执行力，是不是就是我们常说的思考能力和 IQ？

也可以这么说吧。但是，除了思考能力和 IQ 之外，自制力也是关键。只有能受得了学习的苦，能沉下心坚持学习的人，才能取得优异的成绩。研究表明，自制力越高，学习成绩也就越好，而且通常也会拥有优秀的人际交往能力，能与身边的人友好共处[3]。

自制力低却想做自由职业者，这不就是我吗？（苦笑）

这张图表显示了自制力和学习能力之间的关系。这是一项以大学生为对象的调查[4]，纵轴代表学习能力——所有课程的平均成绩（GPA），横轴代表自制力和 IQ。横轴使用的是五分位数的统计方法，将被测者按得分顺序排列，分成 5 个部分。"5"是指排名前 20%，"1"是指排名倒数 20%。

自制力与学习能力成正比

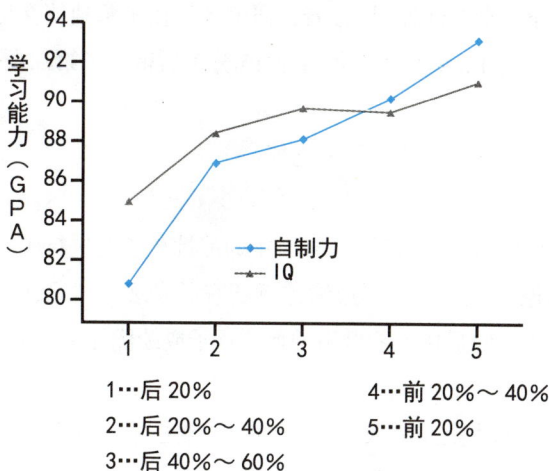

出处：改编自 Duckworth A.L. et al., *Psychological Science*, 2005

可见，自制力排名处于前 20% 的人，他们的成绩甚至高于 IQ 排名前 20% 的人。相反，自制力处于倒数 20% 的人，成绩也低于 IQ 处于倒数 20% 的人。

的确如此。自制力对学习能力的影响还是很大的。

● 制定规则，提高自制力

人们是最近才发现自制力的重要性吗？

其实早在 1970 年，就有人做过一个关于自制力的著名研究——"糖果实验" [5]。试验的对象是一群 4 岁的孩子，研究者在所有孩子的面前都放了一颗糖，然后说："这个给你，如果你愿意等

15 分钟不吃，那我就会再给你一颗，如果你没忍住吃掉了，那就没有下一颗糖了哦。"接着，研究者让孩子单独待在房间里，结果大约有 1/3 的孩子在等待了 15 分钟后得到了第二颗糖。

要是我，可能会迫不及待地吃掉……

到了 1988 年，这位研究者对当年的那批孩子们进行了一次回访。通过对他们后来的学习成绩进行调查后发现，能忍住不吃糖的那群孩子，明显比不能忍耐的那群孩子成绩优异。

是吗？原来人类早就发现自制力的重要性了。那么，我们要怎么提高包括自制力在内的执行力呢？

制定规则，让孩子在遵守规则的前提下，做自己喜欢的事。

嗯……我对孩子就是太宠爱了。

女孩子嘛，自然更惹人怜爱一些的。

我只规定了她的洗澡时间、睡觉时间和上网时间，以及教育她"不能给别人添麻烦"。

这不是很好的家规吗？有了这样的约束，孩子就会思考："该洗澡了，那就明天再玩吧。"这也会刺激前额叶皮层。

我更希望孩子"能够独立思考并采取行动"，所以也担心如果自己过于唠叨、强加教育，孩子是不是就会变得怠于独立思考了。

这是非常好的想法。但是，想要让孩子能够独立思考并采取行动，父母就应该给孩子制定出框架性规则，并在规则中不断实践，这样才能培养他的自制力。

除此之外，我还总结了一些有助于提高执行力的方法，请看下图。

如何提高"执行力"

- 遵守规则
- 乐器演奏
- 亲子共同制订计划
- 决定优先顺序
- 角色扮演游戏
- 编程
- 运动和户外体验
- 将一件事坚持到底

"角色扮演游戏""乐器演奏"以及"户外体验"倒是常做，那就等下次放假外出时再试试"亲子共同制订计划"吧。

2

求 知 欲

扩大知识面，增加实际体验

● 父母的不当行为会磨灭孩子的好奇心

接下来，我们说说第 1 章中提到的"求知欲"。在一项研究中，曾将求知欲定义为"寻找自己觉得有趣的东西，学习相关知识并乐在其中"[6]。

您说过求知欲是大脑的原动力对吧！

是的，求知欲会促使我们不断挑战自己感兴趣的事物，在这个过程中，前额叶皮层会自然而然地受到刺激，执行力也会得到提升。

那么，求知欲也是一种类似执行力的"功能"吗？

可以说是"大脑的反应方式"吧。比如同样是看到一张恐龙画，对恐龙不感兴趣的孩子只会停留在视觉处理层面上——"哦，恐龙啊"。但喜欢恐龙的孩子们看到后，就会对此充满好奇，想要进一步查证"这种恐龙叫什么呢""是不是很强大呢""个头有多大呢"等。

对于感兴趣的对象，大脑网络就会转得更快对吧？

是的。
孩子本就充满好奇心。就像婴儿无论遇到什么都会想拿手摸一摸、伸出舌头舔一舔一样。等再长大一些后，就会总把"我自己来"挂在嘴边。再过一段时间后，又变成了一个爱问"为什么"的好奇宝宝。这是因为好奇心会让大脑网络快速扩大。

我明白了。明明自己根本做不到也还是会说"我自己来"，不管看到什么都要问一句"为什么"，想想还真是了不起呢。

但如果父母总是在这种时候冷漠地回答"忙着呢，以后再说"，或是"有这闲工夫，不如去做作业"，就会大大打击孩子的积极性。孩子脑中即将产生的"我想知道""我想做"的想法也就因此而被扼杀。

太可怕了。
我得注意才行!

● 体育和艺术也能提升学习能力

已有许多研究表明，求知欲对孩子能够起到积极的影响。研究结果显示：求知欲旺盛的孩子，其专注力与信息处理能力也较同龄人更为优秀 [7]；求知欲旺盛的孩子在专业知识方面具有更优秀的学习能力，也能更好地发挥价值 [8]。

如果这种原始的好奇心能够一直保留下去，想必这个孩子的学习成绩也会优于其他人吧。

可以这么说。因此，父母的这一角色责任重大。前面也说过，兴趣的对象不一定非得是课本上的学习。也有研究表明，广泛的兴趣活动可以促进学习成绩的提升[9]。理由包括"可以提高自制力和解决问题的能力""可以提高专注力""把兴趣爱好当作学习""可以自主学习，获得自我肯定感"等。

自制力和解决问题的能力，其实就是执行力了对吧！

另一项研究表明，青春期在舞蹈、音乐、美术、科学、文学创作、戏剧、体育等休闲活动中取得过一定成果的人，更容易在将来的工作中获得成功[10]。热爱一件事，并且坚持所爱，直至成功，这样的毅力也会对未来的学习和工作产生积极的影响。

我们明白了业余爱好"玩得很好的秘诀"后，就可以借鉴到学习方面了对吧。看来还是不能"两耳不闻窗外事，一心只读圣贤书"啊！

我觉得涉猎广泛是很重要的。体育界也是如此，数据表明，超一流的选手与一般的选手相比，涉猎的体育类型更广，而专注于某一项的时间则更晚[11]。网球运动员锦织圭好像就是如此。

咦？居然是这样的……我还以为他早就锁定了自己的目标，并为此坚持不懈呢。

有证据证明，诺贝尔奖获得者与其他普通研究人员相比，无论

是在体育还是艺术方面，都表现出
了更加浓厚的兴趣。[12]

许多东大学生都有自己热爱的事物，
看样子还真是这样啊。

当然，无论做什么，我们的大脑都只有这一个而已，并不会被
分为"学习大脑""音乐大脑""运动大脑"。所以那些看似**与未**
来的目标无关的活动，只要认真对待，都能对大脑的成长起到
一定的刺激作用。我希望大家都能明白这个原理。

● 图鉴*、百科全书、户外体验……

为了找到孩子真正感兴趣的东西，我也提出过很多建议，但似
乎都没能激发孩子的兴趣。

这可不是一朝一夕能够完成的。培养求知欲的第一步是创造机
会，让孩子接触到更多的知识。仅靠孩子一个人是无法打开信
息大门的，所以身边的大人们要告诉他们"这个世界上还有这
些东西哦"。我建议可以让孩子多看看儿童版图鉴或百科全书等。

我女儿很喜欢拿着动物图鉴对我说："看这个。"她最关心的问
题好像是"这种动物会不会吃人啊"。

---

* 图鉴是一种概览性的博物学书籍，通常是由科学精确的绘画、照片构成，
并附加相应的解说性文字。

这正是孩子好奇心增长的标志。这样一来，孩子就会对动物图鉴产生兴趣，下一步就是带她去动物园看看真实的动物了。亲身体验也是非常重要的。到了动物园后，她会发现在图鉴中看到的动物居然出现在了眼前，大脑内的网络也会因此得到迅速扩张。

发现女儿感兴趣后，我一般会马上在网上帮她找到相关的动物视频，不过确实还是实地体验比较好。

虽然看视频也是个不错的方法，但还是真实的体验更让人记忆深刻，而且体验中产生的兴奋感也更能刺激求知欲。

原来如此。只是我，实在是太懒了……总感觉外出很麻烦。

尽力就好。另外，户外体验也有助于培养孩子的好奇心。研究表明，捕捉昆虫、钓鱼、天体观测、野营等户外体验可以有效促进身体、大脑和情绪的发育等[13]。例如，抓到蝴蝶后，也可以和孩子一起对照图鉴了解详细信息。

啊，我喜欢钓鱼，其实也准备带孩子去家附近的河边玩玩了。可以在浅滩拦河捕鱼，钓一些虾虎鱼和长臂虾。我的房间里放着很多渔具，女儿偶尔也会过来盯着卷线筒一脸好奇，或是用手拨弄。

这就很好啦！我们的大脑有一个特殊功能——模仿他人的行为[14]。孩子可以通过模仿获得各种各样的能力[15]。所以，想要让孩子喜欢某件事，就要"让孩子看到父母沉迷其中的模样"！

父母的兴趣爱好会对孩子产生深远的影响吧。说到兴趣，我在40岁后开始迷上使用电脑制作音乐（DTM），虽然是业余爱好者，但也在勤奋地练习作曲、钢琴和吉他。平时也会利用编程制作游戏。我那个四个半榻榻米大的书房，现在都快成了工作室兼钓具商店了。

我觉得很好啊！有自己兴趣的父母，更容易培养出求知欲旺盛的孩子。最后，一起来看看该如何了解孩子的求知欲吧。

如何提升"求知欲"

①扩大知识面

　　阅读童书类图鉴或百科全书

　　阅读历史、文化、艺术的书（漫画也可以）

　　让孩子看到父母沉迷于兴趣中的样子

②增加各种各样的实地体验

　　户外体验（捕捉昆虫、钓鱼、天体观测、野营等）

　　去动物园、博物馆、美术馆、科学馆等

　　听音乐会等

　　制作各种食物等

3

创 造 力

提升"输入"与"输出"

● "数学"和"理科"更注重创造力

第三是"创造力",是指与艺术等相关的创造能力。

最近常听人说"商业活动少不了艺术思考",可见这已经成了未来的发展趋势了。

是啊。现在社会对人的要求除了完成任务外,也越来越重视积极输出的能力,也就是创造力了。可能很多人会认为创造力是对艺术家的要求,实则不然。研究表明,创造力越好的孩子,学习成绩也会越好[16]。

中小学生也是如此,创造力越高的人,其"阅读能力""数学""理科"的能力也越强[17]。有研究表明,9~12 岁孩子的学习成绩,是可以通过创造力来预测的[18]。

这还与"数学""理科"有关吗?

是的。所谓创造,就是把现有的东西组合起来,将原本分别存在的信息在脑中进行有机串联。所以,死记硬背的知识不太需要创造力。但是数学和理科的内容就需要自行利用少量信息得到想要的答案了,所以对创造力的要求也会相应提高。

这就是组合的力量啊。说起来，我曾采访过的某位设计师也说过同样的话："优秀的设计师，就是善于重组现有的信息，并创造出新东西的人"。

研究表明，创造力程度不同的人群，其大脑内的网络也有差异[19]。创造力高的人，更善于利用由具备执行力的前额叶皮层和大脑边缘系统组成的大脑网络。

也就是说，创造力越高的人越擅长使用前额叶皮层吗？所以，创造力的提升会带动执行力的提升，对吗？

也可以这么说！

● 首先是增加"输入"

如何提升孩子的创造力呢？我也给孩子买了画笔、颜料之类的文具啊……

画画是一种增加输出的行为。不过，目前孩子脑中尚未储存太多信息，所以为了让他们拥有自由组合的能力，我们首先要做的是保证充足的信息输入。例如让孩子阅读各种类型的书，或是让他们多接触绘画、音乐等艺术形式。

那得欣赏真正的艺术作品对吧。就不能是什么"鬼之刃"之类的东西了。可是如果孩子不想去，就算我们勉强带去也没什么效果吧……

不必勉强，可以让艺术融入日常生活中。例如选择艺术欣赏价值更高的绘本，在散步途中看到艺术品时停下来一起欣赏，在房间里装饰一些艺术品，周末坐在客厅听听爵士乐，等等。从身边的小事开始慢慢渗透即可。

我明白了。那要如何让孩子输出呢？

输出方面，我推荐乐器演奏。这需要孩子记住节奏和曲子，也可以增加手指的灵活性，十分有利于大脑的发育。

确实是这样，但我给孩子买了吉他和儿童手指琴后，她似乎并没有太大的兴趣。（苦笑）

总体来说，乐器的难度还是太高了，对孩子来说，建议从更简单的绘画开始，喜欢手工的孩子也可以鼓励他们多进行手工制作，只要让孩子热衷于自己的兴趣就好。

这样啊。说起来我家的孩子喜欢涂鸦和拼图，但对于那些需要独立制作的玩具就毫无兴趣了。所以我也只能自己动手，做出来后才对她说："你看！这个很好玩哦。"

没问题啊。只要多看，她就会对此更熟悉、更敏感。等孩子有了自信后就会觉得："我也要像爸爸一样自由创作。"
最重要的是，在小孩想要发挥创造力的时候，大人不要批评，也不要强迫孩子一味地模仿。

所以可以这么肯定她："你的想法真有趣，"对吧。

是的。如果否定孩子的创造力，就会打击孩子"想做更多"的积极性。好了，现在就来总结一下提高创造力的方法吧。

如何提高"创造力"

①增加各类信息输入

 读各类书籍

 接触绘画、音乐等艺术形式

②增加各种输出

 学习、演奏乐器

 绘画（涂鸦也可以）

 做手工

 沉迷某事、心无旁骛

 不要批评孩子、不强迫孩子模仿

4

沟通力

增加"语言"和"非语言"交流

● "共情力"与"社会性"也很重要

第四是"沟通力"。除了与他人沟通的能力外，人还需同时具备"共情力"和"社会性"。

沟通力啊。我能理解这对为人处世方面而言的重要性，但也会影响到成绩或是聪明程度吗？

从各类文献结论来看，**"沟通力""共情力""社会性"高的孩子，其学习成绩也会高于他人**[20][21][22]。

那么，沟通力是由大脑的哪个部分决定呢？

沟通力是各种能力的综合体现，所以会动用大脑的各个部位，因为情感认知、语言、共情、社会性，是由大脑的不同领域来控制的[23]。

不单是语言能力对吧！

是的，这很重要。就拿销售员来举例，一个无法读懂顾客内心的销售员，任他再能言善辩，也是很难谈成生意的。

● 没有比现实交流更好的方法

那么，想要提升孩子的交流能力，还是应该与之多多交流是吗？

是的，孩子小时候多说话，可以提高 IQ 和学习能力。
有研究表明，被父母关注和肯定的孩子，IQ 也会相对较高[24]。此外，如果能在 1~2 岁时，得到父母语言更为丰富的鼓励，那么这些孩子在 3 岁能较完整表述以后，所能拥有的词汇量会远高于其他孩子，IQ 也是其他孩子的 1.5 倍[25]。

居然会这样！那么，看影片不能提高交流能力吗？我女儿总是全神贯注地看视频，也从中学到了不少词汇。

这对词汇的学习确是有益的！只不过如果从综合交流的角度来看，没有什么会比现实交流更好。

这样啊……

到了能自己阅读的年纪后，读书也是提升孩子交流能力的好方法。尤其能增强他们的共情能力。
关于语言学习方面的调查结果显示，孩子在 7~9 个月龄期间，如果能与父母有更多的交流，那么他到 2 岁时就能掌握更多的基本语法规则[26]。学语言的第一步是通过耳朵聆听，其次才是语言表达。所以从小多接触语言更有利于孩子的大脑成长。

可是……在孩子很小的时候，和孩子说话就像是父母在自言自语，所以我当时并没有这么做。（反省）

嗯，不过，倒也并非"不这么做，孩子就比旁人更笨一些"啦，所以也不用太内疚。
此外，非语言交流也是很重要的。可以借此观察对方的表情，让孩子学会察言观色。

具体要怎么做呢？

只要多在现实中交流，自然会有很多这样的机会。例如在孩子对父母说"脏话"时，父母可以故意保持沉默、面带悲伤。那么孩子就会想"啊，这是怎么回事"，在思考的同时，大脑的各个领域都会受到刺激。

我明白了，不是什么都要用语言来表达，其实有时候只需要一个表情就够了。

就是这么回事。
接下来，我们总结一下提高沟通力的方法。

如何提高沟通力

①增加语言交流

尽量增加亲子对话时间

仔细倾听孩子说话

养成打招呼的习惯

养成读书的习惯

②增加非语言的交流

用表情传达情绪

尽量面对面交流，这比利用网络交流有效得多

规定玩手机的时间

5

自我肯定感

坚持正向管教

● 从小就开始表扬孩子的微小进步

第五是"自我肯定感",这在上一章中也曾提到过。"自我认可"的思考模式包括两个方面:一是认为"自己可以改变什么"的自我效能感,另一个则是认为"自己很重要"的自尊感。

这都可以写一本书了!那么自我肯定感是在大脑的哪个部分形成呢?

就大脑区域而言,主要就是与"自我参照效应"相关的区域(内侧前额叶皮层、后部齿状回),以及与"自我评价"相关的区域(线状体、内侧前额叶皮层)等[27]。

您能再详细解释一下吗?

简单来说就是"记忆"和"感情"。

"记忆"和"感情"?

是的。我们的大脑负责储存各种信息，自然也有关于"自己"的信息。那么，关于自己的信息是如何形成的呢？那就是从小开始的记忆。

长大成人后，我们可以选择性地回顾过往，或改写自己的人生。但孩子是很难做到的，他们只能通过"爸爸对我说过这样的话""朋友对我说过这样的话""老师对我说过这样的话"来积攒记忆，这种记忆与当时的感情重叠在一起后，就形成了自我印象。

说起来，好像还真是这样。

因此，在频繁被否定的环境中长大的孩子，自我肯定感会降低，而在频繁被认可的环境中长大，自我肯定感就会升高。

所以我们不能否定孩子，要不断鼓励和认可啊！

研究表明，自我肯定感越高，学习能力也越强[28]。也有观点认为，自我肯定感越高，在大学中取得的成绩就越好，自我肯定感高的人群，比自我肯定感低的人群具有更优秀的执行力。[29]

但也有可能是"优秀，所以自我肯定感高"吧？一般来说，全班第一名的孩子也更有自信不是吗？

的确不排除这种情况，这就类似于先有鸡还是先有蛋的问题。

● 日本孩子的自我肯定感很低

那么，怎么才能提高自我肯定感呢？是要多表扬孩子吗？

回答这个问题之前，我们先来看一个数据。下表是一项面向多国孩子，针对"你觉得自己有长处吗"这一问题的调查结果[30]。

日本的孩子自我肯定感低

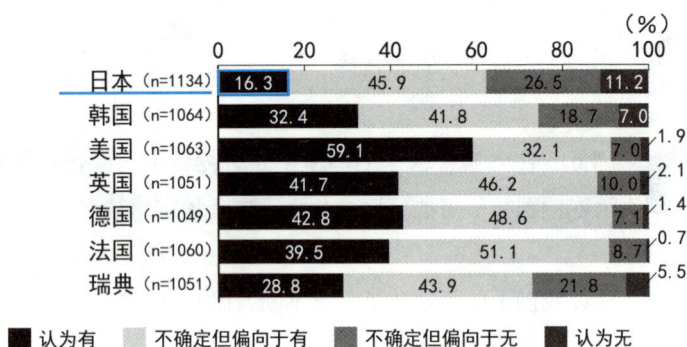

	认为有	不确定但偏向于有	不确定但偏向于无	认为无
日本 (n=1134)	16.3	45.9	26.5	11.2
韩国 (n=1064)	32.4	41.8	18.7	7.0
美国 (n=1063)	59.1	32.1	7.0	1.9
英国 (n=1051)	41.7	46.2	10.0	2.1
德国 (n=1049)	42.8	48.6	7.1	1.4
法国 (n=1060)	39.5	51.1	8.7	0.7
瑞典 (n=1051)	28.8	43.9	21.8	5.5

出处：改编自令和元年版《儿童·年轻人白皮书》内阁府，2019 年

不会吧！日本只有 16% 吗？
美国可是将近 60% 呢……

日本儿童的自我肯定感真是低得可怜。大部分日本儿童都缺乏自信，认为"我没什么了不起的""我做不到""我很没用"……这种现象为何存在，很值得我们思考。

为什么日本儿童自我肯定感这么低呢？
批评过头？表扬不足？

这是原因之一吧。有研究表明，经常被表扬的孩子，心理也更健康一些[31]。

当然这不代表我们绝对不能批评孩子。数据表明，"儿童时期总被表扬但也总被批评的孩子"与"总被表扬，几乎没有被批评的孩子"相比，自我肯定感基本相同[32]。

即使被批评，只要能被表扬，自我肯定感就能得到提升

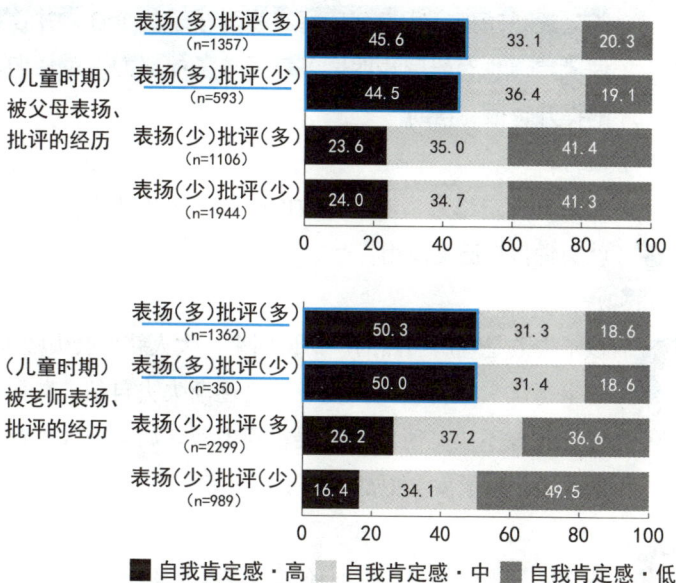

（儿童时期）被父母表扬、批评的经历		自我肯定感·高	自我肯定感·中	自我肯定感·低
表扬（多）批评（多）(n=1357)		45.6	33.1	20.3
表扬（多）批评（少）(n=593)		44.5	36.4	19.1
表扬（少）批评（多）(n=1106)		23.6	35.0	41.4
表扬（少）批评（少）(n=1944)		24.0	34.7	41.3

（儿童时期）被老师表扬、批评的经历		自我肯定感·高	自我肯定感·中	自我肯定感·低
表扬（多）批评（多）(n=1362)		50.3	31.3	18.6
表扬（多）批评（少）(n=350)		50.0	31.4	18.6
表扬（少）批评（多）(n=2299)		26.2	37.2	36.6
表扬（少）批评（少）(n=989)		16.4	34.1	49.5

■ 自我肯定感·高　　自我肯定感·中　　自我肯定感·低

出处：改编自日本国立青少年教育振兴机构"儿童时期的经历对成长及其成果形成影响的相关研究"，2018 年

这个结论倒是很令人意外呢！

我认为，这个结果其实说明的是身边大人对孩子的关注程度。无论是总被批评，还是总被表扬，都能让孩子感受到"你很在意我""我是被爱着的"。

啊，从这个调查结果来看，"不怎么被老师表扬或批评"的人群自我肯定感最低。既不被表扬也不被批评，可能就会觉得自己被无视了。我总觉得……和公司里的情况一样。

确实如此。被上司无视的人很容易失去自信。相较于被否定，被无视才是自我肯定感最大的敌人。因为没有人看到他们的存在。首先承认孩子的存在价值，其次才是表扬孩子的努力，无论是长处还是短处，我们都应将其视为孩子的个性，并让孩子自己做决定。也有研究表明，多表扬孩子的努力，对他们学习成绩的提升也很有帮助[33]。

如果只肯定结果，遇到失败的时候就难免意志消沉。这样一来，就会觉得自己真没用。

孩子失败是理所当然的。话说回来，大人就不会失败了吗？
如果每次失败都被骂，孩子就会逐渐失去自信，久而久之就会变得犹豫不决，所以首先要正视失败。如果连大人都不愿意面对失败，孩子就会更加逃避了。

我总是只关心结果，一时还真是难以改变……

没关系，只要多提醒自己鼓励孩子的努力即可。还有一点要特别注意，别拿孩子和别人进行比较。

比如"某某某都可以，你怎么就不行"吗？

是的。肯定努力以及努力的过程，首先就是不和别人做比较。没有成为第一也没关系，要成为那个独一无二的自己。

道理我都明白，但是我女儿的好胜心很强，总是喜欢和同龄人对比。比如我问她："想学自行车吗？"她会立刻回绝道："不要。"但是，看到朋友们不用辅助轮就能骑自行车后，又吵着要学了，结果摔得惨不忍睹。（苦笑）

孩子们都是这样的。确实，其他孩子的存在可以激起孩子挑战新事物的动力，但是失败的时候，父母就应该给予及时的鼓励了。要对孩子说："没事的，那个孩子也是从失败开始的，只要每天练习就能成功。"

原来如此，受益匪浅！

● 让孩子看到大人"失败的样子"

还有一个提高孩子的自我肯定感的简单方法，就是让他们看到大人失败的样子。

哦……如此一来，孩子就觉得自己失败也无妨。但是，我还是想扮演一个完美的父亲啊。

我理解你的心情。只是这样会对孩子造成压力。他们会觉得"都说人无完人，但我的父母怎么就一直那么完美呢"。
还要注意一点，有些父母会在孩子失败的时候批评他们，或是指挥他们要"这么做""那么做"。

虽说"可怜天下父母心",但不能太过分了。否则孩子就会陷入自我否定的情绪,同时也会失去宝贵的试错机会。

是啊。我感觉日本人经常责骂孩子。

这其实是传统思想作祟。换句话说,大家可能还没有形成"每个人都是独特的存在"的意识。就亲子关系来说,"孩子是自己的分身"这种想法可能已经在很多父母心里根深蒂固了。
对育儿来说,最重要的就是培养孩子的"自主性"。只要为孩子限定一个最低限度的规则和约束,然后告诉他们"你可以随便做,可以自己决定",同时,大人们也要做好接受失败的心理准备。

我会尽量让孩子自己做决定。希望女儿能逐渐明白"每个人都是与众不同的"。

大脑的发展必然是因人而异的,每个人都有擅长和不擅长的方面,思维方式也是一样的。如果大人没有意识到这一点,而是一味地将自己的理想强加于孩子身上,结果反而适得其反。

这是最理想的状态啊……
不能随意干涉孩子。(汗)

让孩子天马行空去吧。(笑)别把自己的想法强加到孩子身上。作为父母,我们可以对孩子有所期待,但要注意只能是适当的期待。对孩子造成巨大压力的过度期待,就不要说出口了。

● "做自己就好"——教会孩子多样性

还有其他有助于提高自我肯定感的方法吗？

刚才提到的"每个人都是独特的存在"其实也就是人的多样性。在平时的交流中也要尽量让孩子明白，世界上存在着各种各样的人，每个人的才华和价值观都是各有不同的。

这是多样性的教育吗？

不用想得那么复杂。先寻找孩子身上的优点，并用语言表达出来。语言表达有助于提升孩子对这方面的意识，并最终转换为一种自我印象。

就是，比如夸她"你在这方面很有天赋啊"这样吗？

即便不太突出也没关系。比如在涂鸦的时候，我们可以夸他"颜色选得真好啊"。10个小优点组合在一起后，就会成为这个人的独一无二之处。而且，也要教会孩子善于发现别人的优点。

我家的孩子，总是喜欢挖苦幼儿园的同学……

这种话题就是一个很好的教育机会啊！你可以借此问她"那你有没有觉得那个孩子身上有什么厉害的地方？"或者"你觉得他有什么优点吗？"。
这对4岁的孩子来说可能还有些困难，不过只要坚持下去，她就会逐渐产生多样性认识了。

原来如此。只是……如果父母都缺乏多样性意识，又怎么能教会孩子认识多样性呢?

可以的。人的思想的确很难被改变，但只要能为了孩子，不与别人做比较，多思考"这孩子的优点是什么""这孩子喜欢做什么事""这孩子有自己的行事方法吧"。如此一来，就会慢慢认识到孩子的多样性，同时也能慢慢改变自己了。

明白了。成年人的大脑也是有可塑性的吧 [34]。

是的，人的思考模式是可以改变的。接下来，我就来总结一下提升自我肯定感的方法吧。

如何提升"自我肯定感"

①改变大人的干预方式

表扬努力而非表扬结果

接纳孩子的长处和短处，将其视为孩子的个性

教会孩子心存感恩

②教孩子认识多样性

让孩子发现自身的闪光点

发现他人的闪光点

让孩子发挥自己的强项

6

坚 毅 力

目标导向、持之以恒

● "GRIT比IQ更重要"是真的吗？

最后是"坚毅力（GRIT）"，它指的是为了达成某种目的而坚持到底的力量。GRIT 是由 Guts（拼搏力）、Resilience（恢复力）、Initiative（自发性）、Tenacity（韧性）的首字母组成的词汇。

我刚才在网络上查了一下，这是一本畅销书的名字[35]。

是的，这本书是 2016 年出版的，不过大约自 10 年前开始，心理学家达克沃斯博士* 就在各种论文中指出了 GRIT 的重要性。

为什么这个概念会突然受到关注呢？

这大概是从"GRIT 超过 IQ，成为决定学业成功的指标"这个意外信息开始的[36]。无论是工作还是学习，成功人士往往都被认为具备异于常人的高 IQ，但达克沃斯博士却认为："其实 GRIT 带来的影响更大。"

---

* 美国宾夕法尼亚大学的社会心理学家，曾获麦克阿瑟奖。

啊，是这样啊。所以再高的智商，只要不坚持到底，也是不会有结果的吧。

就是这么回事。反之，即使 IQ 不高，但只要 GRIT 足够高，也一样能成功。有研究表明，GRIT 越高的人，其人生的幸福指数也越高[36]。

那么，哪种人的 GRIT 更高呢？

自信，总是相信"自己能行"的人，也就是那些觉得"虽然不知道能否立刻看到结果，但总有一天能看到"的人。GRIT 低的人，则总是觉得"自己做不到"。

我不就是这样吗？（哭泣）

和自我肯定感一样，自信最终也会被自己的记忆所左右，所以成功体验还是很重要的。
除此之外，"决定结果的不是才能而是努力"的想法也很重要。如果觉得只有才能决定成功，那么一遇到障碍就会轻言放弃了。但如果相信努力可以成功，就会努力学习、多多请教老师，尽自己最大的努力。

● 全家一起坚持"登山"

原来如此……不过说实话，我不太喜欢像运动员那种咬牙拼命的做法。所以我一直在想，没有毅力的人该怎么办呢？

我很理解你的想法。确实，即使强迫孩子做自己不想做的事，也没有几个孩子能坚持到成功的。不过，坚持到底的这种毅力，其实是可以后天养成的。

那应该怎么做呢？

如果孩子还小，当然也就不可能单独坚持做完某件事，所以不妨和家人一起挑战坚持做各种事。比如，一起大汗淋漓地爬到山顶。这虽然只需要花短短一天，但一样会在孩子的记忆中留下深刻的印象。

我在高中的时候参加过登山社团。爬山的时候，我会把这个过程分成若干个小段，默默地告诉自己是"下一个目标到这里"，然后一步一步地向上爬，总是在不经意间惊喜地发现原来自己"已经爬到这里了"。而且到达山顶时的那种"坚持到底的喜悦"，确实是日常生活中无法体会到的……

是吧。小时候经常体验到这种喜悦的孩子，也会比旁人更有毅力。作为父母，我们不必强求孩子"既然决定做了，就一定要坚持到底！"我们只需要观察"自己的孩子应该会喜欢这件事吧"，并在找到他的兴趣点后，教会他设定目标的正确方法即可。全身心地投入到真正热爱的事情中去，是不会觉得辛苦的。

原来如此。那就找一个孩子热爱的事，大家一起去挑战吧。

● "未来的梦想"有助于培养GRIT

就像刚刚提到的分段设定登山目标一样，无论做什么，都不是埋头苦干便可，而是应该树立一个长期的目标，并将其分解成一个个小目标，每天完成一点点，自然而然就能坚持下来了！长期目标尤其适用于需要持续学习的事情。研究表明，有意识地分阶段设定学习目标的学生，比那些单纯告诉自己"你要努力"的学生，更容易取得好成绩[38]。

让孩子拥有长期目标……这个我不太理解。

就是让孩子设定一个"未来的梦想"。比如我的孩子就特别喜欢科学，所以他的理想是成为"海洋生物学家"。

就是更具体了。

于是我问他："那你要怎么做才能成为海洋生物学家呢？"他的回答是"去海洋大学"，于是我又进一步问"那你要怎样才能进海洋大学呢"。把理想和目标不断分解后，就有了今天为之奋斗的理由。

长期目标需要设定得更具体吗？我女儿的梦想是"成为爸爸的妻子"。（笑）

那您听到的时候是不是非常高兴啊。（笑）言归正传啊，我认为目标越具体，实现的可能性就越高。当年我再次报考医学部的时候，也就剩下半年的学习时间了。不过那半年中，我总是一边想象着自己拿着听诊器工作时的样子，一边思考："我该怎么做才能实现目标呢？""这个月必须完成哪些目标呢？""今天的学习任务是什么呢？"等等。

这听上去怎么有点儿商务谈判的味道……

嗯，确实有那么一点儿。不过只要大人引导得好，孩子也是可以做到的。即便是幼儿园的孩子，内心也有一个"长大后的梦想"吧。暂且不论目标应该分解到何种程度，但至少要让孩子有一个长期目标。

那要如何让孩子设定长期目标呢？

可以多问问孩子的想法啊。例如可以偶尔问孩子："你将来想做什么？"或者"有什么梦想吗？"的问题，这样一来，孩子也会认真思考，同时也能提高大脑特定网络的使用频率。孩子可能会回答"嗯……我要当科学家"。把现在的自己和将来的自己进行对比，这被称为"心理对比"[39]，要尽量让孩子多进行这种心理对比。

原来如此。那您作为医生，会希望自己的孩子也成为医生吗？

当然会这样啊。既然自己是个医生了，肯定也希望孩子能子承父业嘛。（笑）不过，我是肯定不会对孩子说"你得成为一个医生哦"。不是自己做的决定，孩子就不会上心，而且来自父母的过度期待也会给孩子的大脑造成压力。

不过，我很喜欢看一本叫《工作细胞》[40]的漫画书，在家的时候，也常常提到"巨噬细胞"和"小肠的培氏斑"之类的名词，可能在潜移默化之中，我的孩子也会对医学产生兴趣吧。

这可真是个好办法。

另外，我也常常会对孩子说"医生能够救死扶伤，为所有人带来幸福""医学无国界，所以还可能周游世界呢""热爱并沉浸于某项研究，可是件非常幸福的事哦"，等等，不断和孩子分享这份职业的魅力。

所以孩子如果觉得"做医生还有这么多好处呢"，就不会有那么大的压力了。

当孩子找到自己的人生目标后，父母就不应多加干预了。

不过我觉得有些孩子哪怕被问到"你的梦想是什么？"也回答不上来吧。虽然经常能看到那些"最受欢迎职业排行榜"之类的东西，但我总觉得排名第一的肯定是"不知道"。

很犀利。不过其实"不知道"也没关系。倒也不是说若不快点定下梦想就无法实现了。而且很多时候，孩子是有想法的，只不过还太模糊，所以才会回答"不知道"。

那么，在孩子说不知道自己有什么梦想的时候，我们应该怎么办呢？

如果真是这样，我们可以假装无意地在家里放些儿童版"职业图鉴"之类的书，或者在平时的聊天中告诉孩子，世界上有各种各样的职业类型。

原来如此。这么说来，最近似乎孩子们的梦想都是做网络主播了。要是我家的孩子也有这种想法，该怎么办呢……

对于现在的孩子来说，网络主播是一种很常见的职业，孩子会出现这种想法也是无可厚非的。
说起来，在新冠肺炎疫情的影响下，医务工作也备受人们关注，据说越来越多的学生都选择了报考医学部。

随着新闻报道的增加，很多孩子都开始憧憬医务工作了吧。

作为父母，尊重孩子的梦想，在力所能及的范围内给予支持，这就足够了。孩子在看了网络视频后，或许会对编剧，或许会对电影和戏剧表演生出浓厚的兴趣。另外，专注于某件事的过程中，孩子的坚毅力也会得到不断提升。这种体验绝对不是无意义的。

● 不停止努力就不算失败

总是害怕孩子挑战失败该怎么办。就拿考试来说，为了培养孩子的坚毅力而让他大胆去参加考试，可又担心万一不合格，反而会让他"习惯放弃"，这种情况该怎么办呢？

嗯，这的确是个头疼的问题。不过我觉得有一个基本原则，就是即使受到挫折，也别停止努力。
其实，我上高中的时候就曾报考过京都大学的理学部，只不过当时是以遗憾落榜告终的。那时的我灰心丧气，很不甘心。结果第二次报考医学部的时候，我只花了短短半年时间就成功考上了。可以说第一次的失败和不甘成了我第二次报考时的动力，而且有过失败的经验后，我就能有的放矢地提升自己了。

原来如此。

我们甚至可以换种说法："只要没有停止努力，就不算失败"。我在参加心仪的私立中学的入学考试中失败了，无奈只能选择公立中学。如果当时家里的大人只是安慰我看开点儿，那这场考试带给我的也许就只有失败的经验了。好在当时家里人都在安慰我："这次没考好没关系，有机会再试一次！"这种氛围给了我继续努力的勇气。

可见家长的说法很重要！

是的。

我希望我的孩子将来可以直面困难、永不言弃。

我非常理解。对了，虽然我们一直在聊"坚毅"这件事，但并不意味着只能坚持做一件事，也可以换个角度来思考。比如，很多人会将《成长的边界》(RANGE)一书与《坚毅力》(GRIT)进行比较，前者的主张是："不一定非得只认一个目标，可以广撒网，尝试各种各样的'广泛体验'，说不定反而会带来惊喜"。

我换过 6 次工作，最终选择了做一个撰稿人，所以完全属于"Range"派。的确，我觉得过去的经验对自己很有帮助。

我也是这么认为的。纵向深入挖掘求知欲属于"GRIT"范畴，而横向扩展则属于"Range"的范畴了。不过对大脑而言，无论是"GRIT"还是"Range"，其实都是正确答案。就像我们前面提到过的，优秀运动员选定项目的时间通常较晚[11]；诺贝尔奖获得者一般都对艺术充满兴趣[12]。这其实也符合"Range"的观点。

老师，那您倾向于"GRIT"还是"Range"呢？

我认为，可以先通过"Range"来广撒网，找到自己真正感兴趣的事，然后通过"GRIT"深入挖掘。这也是我的习惯性做法。

我明白了。二者结合能产生更好的效果。不过与老师相反，我一般是先通过"GRIT"进行深度挖掘，接着通过"Range"来考察这一领域的周边是否有可发展性。

很好啊。很多专业人士也都采用这样的组合。最后，一起来总结一下提升坚毅力（GRIT）的方法吧。

如何提高"坚毅力（GRIT）"

①和家人一起挑战坚持做一件事
②将自己的兴趣与人生目标相结合
③不断实现小目标，积累自信
④不要总觉得自己不行，要意识到努力的重要性

7

名校学生是怎么培养的？

将"6大秘诀"付诸实践

● 日本东大学生身上令人出乎意料的共同点

到目前为止，我们基于各种研究结果，对提高成绩的"6大秘诀"进行了分析，不知道您觉得有没有收获呢？

每一项都十分具有说服力，但如果要想提升所有能力，我们要做的事情就更多了吧……可否在下一章中指导我们，如何判断自己的孩子首先要做什么呢？

好的。我就在第3章中回答您的问题。那么在这一章的最后，我想特别说明一下具备"6种能力"的"东大学生"。

是的，因为您在前面提到过"东大的学生都有自己钟爱的兴趣"。

是的，我在自己主编的《"东大脑"的培养方法》[42] 中，曾对东大学生身上的共同点进行过总结。

东大学生的共同点

- 有狂热的爱好（音乐、图鉴、体育等）
- 有多次接触自然、接触异域文化的经验，经历过各种各样的尝试与体验
- 父母总是和孩子一起体验各种事情
- 父母具有良好的亲子沟通能力
- 从来没有人被要求应该"好好学习"
- 在客厅学习
- 孩子和家长都有正常且规律的作息习惯
- 喜欢学习但更追求效率

《"东大脑"的培养方法》

哇！完全感觉不到强行灌输知识的压力。而且都是按照自己的意志去做的，父母的存在也不会给他们造成任何压力。

正是如此。这样的孩子，从小就能经历许多除学习外的事情，而且家庭环境也会让他们感到舒心，可以在试错的过程中享受学习。当然，并非所有的东大学生都是在这样的环境中成长起来的。但我觉得这种育儿方式也会让我们有所启发吧。

很不错的建议。另外，我想问问在客厅学习是指什么？

就是不在自己的房间，而是在客厅里学习。经常和父母交流的孩子更喜欢在客厅中学习。我也是客厅派，从小就习惯于一边

听各种生活中的声音一边学习，所以在客厅里更能集中精力。或者可以说，自己房间里的诱惑太多了，反而不容易集中精神。

原来如此。正好我女儿还没买书桌呢，我得和我妻子好好讨论一下了。

● 东大学生在小学时经常听到的几句话

此外，某本杂志上刊载了一个名叫《174名东大学生的小学时代》的专辑，其中总结了东大学生在小学时经常听到父母说的一些话[43]。非常有参考价值，所以我也想在此简单介绍一下。

东大学生在上小学时总能从父母口中听到的话

"你可以做任何你喜欢的事。"

"想学的时候就学。"

"这是你自己的人生，你自己决定吧，我会支持你的。"

"学习越努力越有进步，也越能觉得开心。"

"负则归咎于己，胜则感恩他人。"

"无论发生什么，爸爸（妈妈）都会站在你身边。"

"真厉害，你连这种细节都注意到了呢！"

"因为你很努力，所以一定会有人认可你的。"

好棒，我也要赶紧试试。

我也要努力给孩子创造一个认可失败的环境，培养孩子"坚韧的品格"。

第 3 章

大脑发育路线图

在合适的时间做正确的事

1

婴儿时期

建立依恋关系、讲故事

● 大脑的发育阶段与"合适的行为"

在前一章中,我们提到了有助于提高成绩的"6大秘诀",这6大秘诀分别为:"执行力""求知欲""创造力""沟通力""自我肯定感""坚毅力"。

俗话说,"一口吃不成个大胖子",想要同时提高6种能力也是不太可能的。所以我想知道,我的孩子现在应该先做些什么呢?

每个年龄段的孩子,其大脑发育的侧重点是不同的,所以我们首先要了解孩子大脑发展的顺序。孩子从呱呱坠地的那一刻起,大脑的枕叶和颞叶就开始进入发育阶段,3岁的孩子具备与成人相同的视觉和听觉水平。3~5岁时,位于大脑中央的顶叶开始发育,运动区也开始成长。最后进入发育阶段的则是负责思考、感情、语言和交流的额叶。

大脑是从后往前发育的,那么发育的高峰期是在12岁前后吧!

是的。从这个顺序中，我们就能明白孩子的每个成长阶段适合做什么了。可以总结如下。

孩子的年龄及适合该阶段的活动

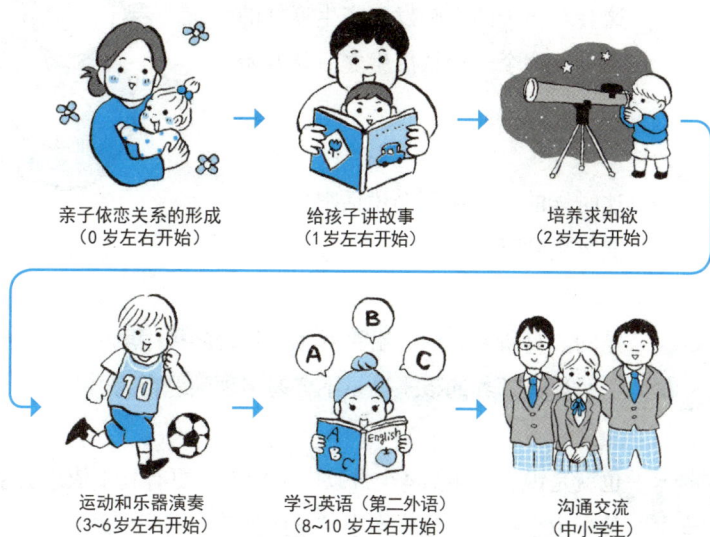

亲子依恋关系的形成
（0 岁左右开始）

给孩子讲故事
（1 岁左右开始）

培养求知欲
（2 岁左右开始）

运动和乐器演奏
（3~6 岁左右开始）

学习英语（第二外语）
（8~10 岁左右开始）

沟通交流
（中小学生）

要注意，上面这些都只是"大概的时间"，并不是说过了这个时间点就为时已晚了。

我明白了。我女儿今年 4 岁，这正是开始运动和学习乐器的年纪呢！

是的，因为孩子的"大脑进入了容易吸收知识的时期"。那么，我们首先来讲"亲子依恋关系的形成"和"给孩子讲故事"吧。

● 不会说也能表达

首先是"亲子依恋关系的形成"。婴儿时期，父母给了孩子充分的爱，这会对孩子的大脑发育产生良好的影响。这个过程从出生之后就开始了。

这时候的孩子还不会说话吧！这也能影响到吗？

是的。有研究表明，出生后 4 个月之内被领养的孩子，比出生 8 个月后被领养的孩子，更不容易出现问题行为。[1]

也就是说，出生后 4 个月以内被领养，更有利于依恋关系的形成，父母也会把养子当作亲生孩子般抚养，是吗？

对。以出生 3 个月的婴儿为对象的研究表明，婴儿在洗完澡之后会有轻度的压力反应，与不擅长照顾婴儿的妈妈相比，擅长照顾婴儿的妈妈可以更好地帮助婴儿从压力中恢复过来。[2]

所以，如果父母总能给予婴儿很好的照顾，那么宝宝也能过得更舒心了对吗？

是的，即使还不能用语言表达，孩子也一样能感受到来自父母的爱。这种爱会给大脑发育提供一个良好的环境，并促进大脑的健康成长，同时也可以培养孩子的自我肯定感和探索欲。

原来如此。我觉得能全力陪伴孩子的时间其实是很少的，所以在她还小的时候，我也有意识地放弃了一些工作，保证有足够的时间陪伴女儿成长，原来这还是有科学依据的呢……突然觉得被感动到了。

我觉得您做得很好。虽然很多人都会因为这样或那样的原因，无法时刻陪伴在孩子身边，但至少要珍惜这段宝贵的亲子时光。

● 亲口讲故事，更能促进孩子的大脑发育

孩子到了 1 岁左右，我们就要开始"给孩子讲故事"了。

我一直是这么做的。

绘本有助于语言区和前额叶皮层的发育，可以说是最佳教材。父母在注意尽量多和孩子说话的同时，也别忘了给孩子读绘本哦，因为绘本会出现许多日常生活中用不到的词汇。

说起来网络上也有很多"听书视频"，但大部分都是盗版的！

盗版属于违法，这种东西就别给孩子看了。而且观看视频的学习效果其实远不如真人阅读来得好。有研究表明，语言学习并非单纯的声音模仿，而是要从知觉、认知、社会能力等多方面获得[3]。该研究还指出，在婴幼儿的语言学习阶段，通过电视和 DVD 进行学习的效果，不如模仿身边人的效果好。

原来是这样。

据说，哪怕同样是父母的声音，听录音和现场听，对孩子大脑的刺激也是不一样的。直接读给孩子听，更有利于形成上文中提到的依恋关系。

啊，这样啊。

我们知道，婴儿在出生后的 6~12 个月内，母语的听力水平（声音感知能力）会得到提升[3]。因此，我们可以在孩子 6 个月的时候开始给他讲故事。

问题是，孩子总喜欢把绘本撕掉。（笑）

是有这个可能的。（笑）

其实我在讲故事的时候，不是单纯的阅读，还会同时问孩子对主人公的看法，或是对插画进行补充说明。在读的过程中，不断引导孩子带着问题去插画中寻找答案。这既能锻炼孩子的思考能力，又能增加孩子说话的机会。这种方法更有利于大脑的发育吧？

这是 "Dialogue reading"，也就是 "对话式阅读"。这种方式给大脑的刺激更大，也已成为欧美早期教育的主流形式，只不过大部分日本家庭还是习惯于单方面讲故事给孩子听。

是的。我觉得孩子只有享受了故事内容，才会因此喜欢上阅读，虽然直接讲故事的方式，能让孩子更加聚精会神地沉浸在故事之中，但是通过对话式阅读，可以让孩子明白阅读就应该是

"边思考边读"的。

您的想法非常正确。想让孩子喜欢上阅读，就要首先让他看到"父母读书的样子"。而且，从孩子识字的时候开始，就要让他养成读书的习惯。我们家有一个睡前阅读的习惯，每个人都会读一本自己喜欢的书，所以我的孩子现在也成了一个书虫。

哇！这可真是个好办法。

还是阅读好！既能锻炼执行力，又能增加词汇量和知识，还能提高共情力、锻炼交际能力。因为读得越多，大脑网络就会越活跃。

有数据能证明阅读量越多的孩子，在学校的成绩也越好吗？

有啊。数据表明，享受阅读的人群与不喜欢阅读的人群相比，前者的英语、数学、理科，以及历史成绩都会更高[3]。3~4 岁就开始进行阅读的孩子中成绩优秀人群的比例，也比到了 6 岁依旧没有养成阅读习惯的孩子来得高[5]。

原来如此。好！从今天开始，我要把工作阵地从书房转移到客厅，在孩子面前读书！

想让孩子在上小学后养成独自阅读的习惯，可以尝试一下"学习漫画"。很多孩子看不进满是文字的书，但会觉得学习漫画很有趣。除了常见的历史类漫画以外，最近也出了许多包括科学漫画在内的各种类型的漫画书。另外，加入了大量插画的名著，最近也很受人们的欢迎。

哈哈！就算是我们当父母的，都会觉得很有趣呢。

学习漫画的优势在于，可以让孩子在阅读漫画的过程中，简单地掌握历史和文学名著等的概要，那么等到将来真正接触的时候，就会更容易吸收了。另外，多次接触同样的内容，会产生"单因接触效应"*，就能产生更多的好感[6]，这种好感有助于增强人的记忆力[7]。单因接触效应的说法常见于心理学和营销行业，这个我会在后文中进行介绍。

---

* 单因接触效应（Single Contact Effect）又叫多看效应、暴露效应、接触效应等，它是一种心理现象，指的是我们会偏好自己熟悉的事物，某件事物出现的次数越多，人对其产生的好感度也越高（当然前提是这件事物首次出现没有给人带来极大的厌恶感）。

② 2~5 岁

培养求知欲、增加运动、演奏乐器

● 孩子在模仿中成长

接下来依次介绍 2 岁左右开始的"培养求知欲",以及 3~5 岁左右开始的"运动和乐器演奏"。

虽然说求知欲是大脑成长的原动力,但 2 岁左右的孩子具备了学习能力吗?

2 岁左右,孩子就开始意识到他人和自己是两个独立的存在了。[8]

能不能再解释一下……

也就是说,这是孩子开始理解自己和他人的不同,开始进入认识外部世界的时期。因此,我们要有意识地提升他们的知识输入量,让他们知道"原来这个世界还有这么多我不知道的事情啊"。而且,将通过书本和影像中学到的"虚拟世界"的信息与"现实世界"相结合,还能得到更好的效果呢。

您前面说过，图鉴是一个很好的材料对吧？在看完图鉴后，如果孩子有兴趣，再带她去亲自体验。

是的。而且，即使孩子看到图鉴时没有表现出很强的兴趣，也不用马上放弃。刚刚我们不是提到过"单因接触效应"吗？这种情况下也适用。即使一开始不怎么感兴趣，但只要偶尔翻开几次图鉴，孩子就会渐渐喜欢上的。

哦！

这个时候，脑内会发生什么样的变化呢？反复接触同一信息，就会多次用到特定的网络，并不断强化它。这样一来，信息处理的效率就会提高，逐渐熟悉后，会觉得这些内容很亲切。研究表明，这种亲切感，会让大脑误以为我们已经爱上了这些内容[6]，而热爱的事物也往往更容易被记住[7]。

原来如此！我还嫌图鉴太占地方了，刚把它们卖了。

太可惜了。（笑）图鉴中包含各种丰富的信息，对激发孩子的求知欲很有帮助。
另外，看到父母热衷于自己兴趣爱好的模样后，孩子会开始模仿。这一点也可以通过大脑的运作机制来进行解释。

是吗？

人的大脑中有一种被称为"镜像神经元"的系统。当我们看到其他人的某些行为后，这种信息会被传送至镜像神经元系统，即使过了一段时间，镜像神经元系统也能回忆起这个动作并开始"模仿"。婴儿也是如此哦。有研究表明，给 12 个月大的婴儿看某个动作后，即使过了 4 周，他们也能成功地模仿出这个动作。[9]

啊！

心理学上还有一个名词叫"引导效应"，即前期信息会对当事人的判断和行动产生影响。在一项著名的研究中，研究人员告诉被实验者，老年人走路是很慢的，结果这些被实验者在离开后，走路的速度还真的就慢了很多 [10]。可见，引导虽然只是一种语言，却会改变人们的行动。

我在看完黑帮电影之后，也觉得自己走路很"拉风"。（笑）

正是如此。（笑）因为大脑只有一个，受到输入信息的影响自然也是难免的。
从"镜像神经元的模仿"和"引导效应"这两个方面来看，想让孩子做什么，首先在于大人的以身作则。孩子是在不断模仿中长大的。

反过来说，如果父母一天到晚沉迷于手机或电视，那孩子也可能会变成这样。

我觉得孩子的确会模仿父母沉迷于手机和电视的样子。同样，如果父母能表现出热爱自己兴趣的事物的样子，孩子的求知欲就能得到更好的激发。

培养兴趣就交给我吧！
我一定会给孩子做个好榜样的。

● 只要能加速心跳，"捉迷藏"也是一项好运动

接下来，说说 3~5 岁左右开始的"运动和乐器的演奏"。

运动，就是例如体操班或者游泳班之类的吗？

如果孩子喜欢，当然可以让他去上一些培训班。但如果孩子不喜欢，那就找一些例如在公园里玩捉迷藏之类轻松的运动。其实运动不分好坏，只要能加速孩子的心跳就可以了。

只要能跑动起来就可以是吗？

没错！运动可是大脑的好帮手，不仅能提高执行力，还能减少焦虑，使精力更充沛。例如，某项以儿童期的孩子为对象进行调查的研究表明，体力（心肺功能、肌肉力量、灵敏性等）好的孩子，两侧的海马体积比体力差的孩子大，记忆力也更好[11]。

啊！这太令人震惊了！

自古以来就有"文武双全"的说法，从脑科学的角度来看，这种说法不无道理。在我看来，学习和运动完全一样。虽然不能

说只要运动就能记住英语单词，但不可否认，作为记忆容器的大脑，在运动后确实有所成长。

我从没有想过这一点。
出去玩的目的居然是为了变得更聪明。

运动本就可以防止小儿肥胖。有调查表明，孩子的肥胖会降低海马体的体积[12]。成人也是如此。另外，以学龄期儿童为对象的研究表明，越是肥胖的孩子越经常玩电子游戏[13]。

哇！

最近，电子游戏也被冠上了"电子竞技"的美称，所以可能也会因此有人认为"游戏也能让人变聪明吧"，当然，这种可能性是存在的，不过，过度沉迷游戏可能会导致运动不足、体形肥胖，进而对大脑的发展产生负面影响。

如果过度沉迷游戏导致肥胖，海马体就会缩水了吧。

还有研究表明，运动对提高学习能力有着积极的影响。例如，青春期前的孩子，在进行中等强度的运动后进入学习状态，注意力会得到明显的改善，学习能力也会因此提高[14]。高负荷运动对学习成绩和记忆的积极影响也已得到了充分的验证[15]。简而言之，"运动可以锻炼大脑，提高大脑的机能"。

这样就能记住了。(笑)

此外，也有研究表明，让孩子在学习某项运动技能之前先进行跑步等热身运动，不仅有利于技能的掌握，还能让孩子长期记住该技能[16]。

也就是说……

也就是孩子在练习自行车或跳绳之前，如果在公园先玩上一阵子捉迷藏，效果可能会更好。这也算是一个育儿小秘诀吧。

这可真是个好方法！
那有没有特别适合运动的时间段呢？

最理想的是早上。有数据表明，在做同样运动的情况下，早餐前或傍晚的代谢量要高于白天的其他时间[17]。基于预防肥胖的观点，以及运动能提升注意力的观点，我还是比较推荐晨练。

那么，如果早点儿出门，在前往幼儿园的路上途经公园时，停下玩一会儿，是不是也有效果呢？反正早上就算有时间，我也都只会盯着网络视频看。

当然可以啊。其实对大人来说，那也算是一场小小的运动了，我想也有助于提升您的写稿效率。

太好了，冲！

● 乐器和运动一样对大脑有益

除了运动外，还有一件能同样提升脑力的活动——乐器的演奏。

在我的印象中，小时候学过钢琴的人都比较聪明。

的确如此。有研究表明，通过演奏乐器，可以充分调动大脑负责空间认知、执行力、语言等功能的多个部位，从而促进大脑的发育[18]。而且如果孩子真的能在演奏乐器的过程中感到快乐，对求知欲的提升也能起到一定的促进作用。

原来如此。只是刚开始的那段时间有点儿困难，大部分孩子都是被父母逼着学的。

是啊。这样就很难坚持下去了，而且过度的压力还会阻碍大脑的发育，所以还是要看孩子的兴趣才行。最好的办法就是让孩子生活在一个乐器触手可及的环境中，让他看到父母都十分享受乐器演奏的模样。即使孩子现在不喜欢乐器，也可能在将来的某天突然说："爸爸，我也想玩乐器。"

要真是那样，可就太好了。

其实哪怕只是听听音乐，也能促进大脑的发育。因为音乐从耳朵传入大脑后，需要经过十分复杂的处理[19]。大脑会分析声音的音高、音色、声音强度、节奏、旋律等，从而刺激人的情绪。

那么多的事情都是在一瞬间完成的吗？虽然我家的孩子不怎么会乐器，但最近经常即兴填词，然后自己唱着玩。

那也是很好的脑力活动啊。不学乐器也没关系，只要意识到音乐近在咫尺就可以了。运动和演奏乐器对成人的大脑也有很好的促进效果，这一点我将在下一章中进行详细解说。

带孩子去他感兴趣的河边游玩

我是编辑 T。泷老师告诉我，如果孩子对图鉴或书籍感兴趣，那就带他去看实物吧。

儿子在培训班的理科课上学到"河上游的石头较大，下游的石头较小"后对我说："我还没见过'河'呢！"于是我带着孩子坐着电车，在多摩川的上游和下游慢慢观察了一整天。

虽然只是一次小小的旅行，但孩子却觉得开心得不行。我觉得刺激求知欲大概就是这么回事吧。

8～10岁

学习英语、锻炼交流能力

● 从8~10岁左右开始学习英语

接下来，我们说说 8~10 岁左右可以开始的"学习英语（第二外语）"，以及从小学、初中时代开始的"沟通交流"。

以前日本的小学是从五年级开始上英语课的，但现在提早到了三年级。三年级的孩子就是 8~9 岁的年纪吧，与您说的观点十分吻合。

是的。我们看看下面这份数据就明白了，在以移民到美国的亚裔人群为对象的调查中，研究人员分析了各个移民年龄段的英语考试得分，发现 3~7 岁时移民的人群与本地人的英语成绩大致相同 [20]。可以说英语与他们的母语无异了。

图表如下所示。从成绩曲线来看，8~10 岁开始下滑，11 岁以后大幅下滑，17 岁以后更是再次大幅下滑。

移民美国时的年龄和英语能力

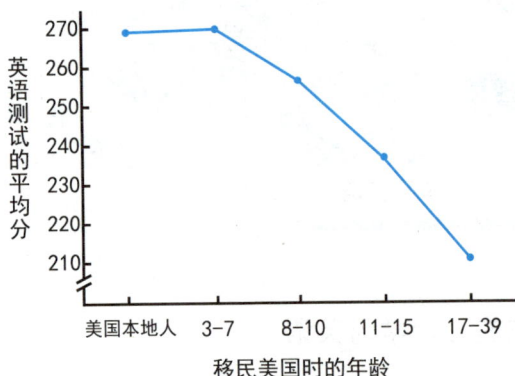

出处：改编自 Johnson J. et al., *Cognitive Psychology*, 1989

可见，开始学习英语的最佳年龄段就是 8~10 岁左右了。

虽然也有人质疑"三年级就开始学英语，不会太早吗"，但其实五年级（11 岁）开始，和三年级（9 岁）开始的差距还是相当大的。

虽然我现在是靠日语写作吃饭的，但说起来我其实也是个"海归"。

真的吗？

是的，我 10 岁的时候去了美国，在当地上的小学，比我大 2 岁的哥哥在美国上的中学，我的父亲在日企工作。但我是全家英语说得最好的人。虽然父亲在海外工作了十多年，但一直都是操着一口"日式英语"。

可见上述理论是成立的。我想问问，您有没有一些从小就在当地生活的日本朋友？

有，他们一般都能说一口流利的英语，但日语就说得磕磕绊绊了。

确实会出现这种情况！

因此，从我的经验来看，8~10岁左右确实是学英语的好时机，因此我非常认同您的看法。

谢谢您的认可。（笑）同时，另一项研究指出，**青春期（11~12岁）过后，第二语言可能就无法获得与母语相同的能力了，因为存在着"年龄阻碍"**[21]。当然，这并不代表为时已晚，只要肯努力，无论从几岁开始都能成长，只不过8~10岁左右是语言学习的黄金时期罢了。

在女儿看视频的时候，我会有意识地加入一些英语内容，或者在玩的时候顺便教她英语，这样也会有效果吗？当然，前提是她能说好母语。

经常让孩子练习听力是非常好的。俗话说"熟能生巧"嘛，现在多听，到了将来真正学习英语的时候，就能更快适应英语的发音，自然会学得更好，这对孩子来说是很有帮助的。所以请一定坚持下去。

好的，一定会的，谢谢您的认可。

● 孩子的"共情力"逐年下降

接下来说说"沟通交流"。前面也提到过，为了让婴儿更快掌握母语，父母可以多和孩子聊聊天，哪怕他还不会说话。对于中小学生来说，交流不仅有利于语言学习，还能促进大脑中与共情力、社会性、情感认知相关的区域的发育。

共情力具体是指什么呢？

与我们平时所说的"共情"的意思一样，既包含"个人之间分享感情"的含义，也包含"站在他人角度看待事物"的含义 [22]。这也需要动用大脑中的许多领域哦。

这样啊！

我认为亲子之间的沟通非常重要。因为，数据显示，孩子们的共情力正在逐年下降，特别是 2000 年以后情势更是严峻 [23]。

2000 年？是出现了什么转折点吗？

很大一个原因在于，游戏、智能手机等数码设备，以及各种社交软件快速进入孩子们的生活。与此同时，面对面的沟通机会持续减少，孩子们的社交能力也在不断下降。

啊……

虽然生活方式的改变是无法避免的，但中小学生正处于大脑发育的黄金时期，如果长期缺乏现实交流，肯定会有所影响。

想想我小的时候，放学后基本都和小伙伴们到室外撒欢儿去了，但要是那个年代也有任天堂游戏机或视频网站，我估计自己肯定也会迷上的。而且现在受新冠肺炎疫情影响，很多地方开启了远程授课模式，这么一来，孩子的共情力会变得更弱吧？

这种可能性确实也是存在的。现代社会中，面对面交流的机会变得越来越少，但也正因如此，家人间的对话才变得越发重要了。如果中小学生的家中有条件为他们安排单独的房间，进入青春期后，他们可能就更不愿意和父母说话了，所以应多创造与孩子交流的机会啊。

无论孩子几岁，我都想和她天天待在一起聊天。

4

充足的睡眠和均衡的营养

生活习惯影响大脑发育

● 对孩子大脑成长的"不利因素"

刚刚我们聊了现实沟通机会的减少会导致共情力下降，但我想，除此之外，应该还有其他对孩子大脑成长的不利因素吧？例如肥胖就会导致海马体体积下降对吧？

的确如此。到目前为止，我们一直在讨论的都是，在各个年龄段里应该做哪些事来提高大脑能力，但有一点不能忽略，就是"生活习惯"会对所有年龄段的人产生影响。即便我们想尽办法刺激大脑，但只要生活习惯混乱，一切就都是徒劳无功的，甚至还会阻碍大脑的发育。

确实。在第 1 章中也提到了生活习惯。

生活习惯之中，睡眠和饮食更是尤为重要。

孩子睡得越好，海马体的体积就越大，对吧？

是的。睡眠可以排解压力，促进生长激素的分泌，对孩子和大人都十分有利。而且，一项以中小学生为对象的调查显示，睡眠质量、睡眠时间、睡意都会对孩子的学业成绩产生影响[24]。早睡，绝对比彻夜玩游戏或熬夜学习好。

那么，这是什么原因呢？因为一困脑子就转不动了吗？

这应该也是一个原因。睡眠分为深度睡眠的"非快速眼动睡眠（慢波睡眠）"和浅度睡眠的"快速眼动睡眠"。刚入睡时，以深度睡眠为主，然后转为浅睡眠为主[25]。非快速眼动睡眠和快速眼动睡眠可以发挥出不同的作用。

听着有点儿复杂。

先说深度睡眠啊。它的功能是将我们在白天接触的信息作为记忆，进行整合和固化[26]。这就好比把白天在记事本上潦草记录的信息重新誊写在台账上一样。

就像银行窗口结束营业后，整理账目的银行职员吧。

嗯，有点儿像。记忆被重新整理后，才能记得更牢。

但是，如果在睡眠的前半段就能完成这么重要的事情，那是不是即使缩短睡眠时间，也没什么影响呢。

当然不是啊。后半部分的快速眼动睡眠也很重要，快速眼动睡眠期间，我们会做各种各样的梦，它有助于控制情绪，提高创造力。

控制情绪？

是的，掌管感情的"杏仁核"在感到恐惧、不安、痛苦等压力时会被激活，通过快速眼动睡眠，"杏仁核"能够平静下来[27]。这样一来，即使白天被一些事影响了情绪，但只要保持快速眼动睡眠正常，就能以愉悦的心情来迎接新的一天了。

啊……这么说来，难怪我每次睡不好就会觉得很烦躁呢。

的确会这样。压力会令海马体萎缩，所以每天都要保持快速眼动睡眠，让"杏仁核"冷静下来，这样才能打造聪明的大脑。另一项有关创造力的研究表明，充足的快速眼动睡眠可以提高数学问题的解答率[28]。

这和第 2 章中创造力内容的结论一样呢！

是的，因为创造力从某种角度来说就是"将各种信息组合在一起的能力"。据说非快速眼动睡眠有助于提高创造力。
说得专业一点就是，在非快速眼动睡眠阶段，海马体和大脑新皮层的网络连接发生了变化，导致"新的记忆"和"旧的记忆"被重新排列组合，简而言之就是大脑中的线路被重新连接了一遍。

这么说来，如果非快速眼动睡眠是"保存数据"，那快速眼动睡眠就是"整理数据"了。啊，所以梦是当天发生的事情和过去发生过的事情结合在一起后的表象吗？

所以我们在做梦时，总会感觉时间线乱糟糟的，其实就是这个原因了。我也有过在梦里把白天工作中遇到的人和大学时代的同学设定为朋友的经历。（笑）

还真是会这样呢!

因此，我们可以通过充分的快速眼动睡眠，将新知识融入自己的体内，这样就能加以灵活运用了。

● 不要推崇"熬夜学习"

睡眠还真是非常重要呢。我终于明白会睡的孩子长得快是什么意思了。那是不是应该依据孩子的年龄来控制睡眠时间呢？

美国睡眠基金会表示，为了保证孩子的身心健康，应采用以下的睡眠时间设定 [29]。当然也不必太过勉强自己，在力所能及的范围内，参考以下时间制定规律的作息就可以了。

孩子理想的睡眠时间

- 学龄期（6~13 岁）：9~11 个小时
- 青春期（14~17 岁）：8~10 个小时

我明白了。我看过一些有关日本中考选拔的书，上面写着不建议减少睡眠时间来学习，原来是这个意思啊。

还是不要熬夜比较好。熬夜不仅会影响大脑的健康，也会成为孩子心中错误的"成功标准"，会因此误以为"要成功？那就得熬个夜"。

原来是这样啊。我当时在备考时就认为"量重于质"，所以总是长时间坐在书桌前学习，现在依旧会在深夜工作。可能就是那种固有观念的影响啊。

如果通过熬夜考上了，就会下意识地把熬夜看作是"成功经验"，长大后还会继续这种做法。我就恰恰相反，我一直以来都认为"质重于量"，就连考大学的时候也是每天晚上9点半睡觉。从来没有哪一天学习超过3个小时的。虽然当时我还不知道大脑的构造，但也知道长时间学习会让注意力涣散，哪怕熬夜也毫无效果。

您的意思是，应在短时间内集中注意力学习吗？

其实虽然我不熬夜，但即便是在节假日里，我都会坚持学习。想要通过考前临时抱佛脚取得好成绩，那肯定是不可能的。所以我会把每天的学习变成一种习惯，孜孜不倦地坚持下去。而且保证自己睡眠充足，从结果来看，我应该算是成功了吧。

所以，这其实就是提升孩子智力的关键之处吧？

嗯，可以这么说。让学习成为习惯。该学习的时候，就要集中精力速战速决。该休息的时候，就做点儿自己喜欢做的事，或者出去活动活动筋骨，然后再美美地睡上一觉。

关于您的学习方法，我想找一章来详细说明。我特别想知道该如何养成良好的习惯。

好的，那我们就在第5章中详述吧。

太好了！

还有，"睡眠质量"也很重要，您知道提高睡眠质量的最佳方法是什么吗？

前一天熬通宵吗？

确实，熬夜后的第二天会睡得特别香，但实际上只要熬一个晚上，"睡眠负债"就会沉积，睡眠质量也会下降好几天。

啊！正好相反啊……

所以提高睡眠质量的关键在于多运动。白天多活动身体，到了夜里，睡眠质量也就自然提高了。

我女儿也一样，在幼儿园有室外活动的当天夜里，总能睡得特别香。那如果遇到雨天出不了门，是不是可以在家稍微活动一下？

尽量就行。但要注意不可过量，因为睡前剧烈运动反而会降低睡眠质量，容易频繁醒来[30]。
另外，睡前1小时也尽量不要使用智能手机和电脑。因为屏幕发出的蓝光也会影响睡眠质量[31]。

临睡前玩手机也是不好的习惯啊！

● 最好避免的食物

至于饮食方面，要尽量保证三餐的营养均衡。因为饮食也会对睡眠质量产生影响。

真的吗？

例如，牛奶和高碳水化合物类的食物都能提高睡眠质量[32][33]。牛奶中含有一种叫色氨酸的氨基酸，是制造睡眠荷尔蒙褪黑激素的原料。同时牛奶中含有丰富的钙元素，对孩子的成长发育也很有助益。

那么，有哪些食物是会降低睡眠质量的呢？

过量摄入白砂糖和肉类[34][35]。但也不是完全禁止食用，只是不能在睡前吃太多。不过，我觉得应该也没有多少孩子会在睡觉前还拼命吃肉的吧，主要还是控制好甜食的摄入。如果孩子晚上饿了，建议以牛奶和饭团充饥。

比起吃面包，您还是更推荐饭团是吗？

当然不是所有的面包都不好，只是要尽量避免甜度太高的糕点。有数据表明，早上吃米饭的孩子，其大脑发育优于吃面包的孩子[36]。糕点等甜品会让血糖值急剧起伏，这可能成为影响大脑发育的一个原因。

啊，我每天早上都让她吃面包的……

倒也不用太担心，只要不把甜点面包作为每天早上的主食就没关系。而且，早餐吃得好，大脑才能充满能量。只是也要注意白米饭的"登场频率"。

嗯，对对。

另外，饮食种类的多样性也很重要。研究表明，多样化的饮食结构有利于海马体的发育[37]。就菜单而言，可以采用加入鱼肉和蔬菜的味噌汤，搭配白米和水果的日式风格饮食类型比较好[38]。鱼肉可是个好东西哦，研究表明，鱼肉中含有的二十二碳六烯酸（DHA）等长链不饱和脂肪酸可以促进海马神经元的新生[39]。

原来如此。糕点面包的热量很高，所以很快就能填饱肚子，但这样就难免出现食物品种太过单一的问题，也不利于健康。但是，早餐很难做到多样啊……

其实我说的是一种理想状态，如果觉得早餐的品种太少，可以先试着加一两样。

嗯，那倒是不难做到。

以上就是关于睡眠及饮食对孩子大脑发育影响的说明了。当然，睡眠和饮食对成年人也同样重要，关于这一点，我将在第4章再次介绍。

5

防止电脑和手机成瘾

适当限制电子产品接触时间

● **虽说已经进入了全民电子化的时代……**

说到生活习惯，我比较担心的还是电子设备和网络内容对孩子的影响。您刚刚说过，如今面对面交流的机会已经越来越减少，但我又同时觉得，既然电子设备的发展已经成为不可阻挡的趋势，那我们是不是也要接受孩子们顺应时代变化，熟练地使用它们？

正如您所说，不让孩子使用电子设备是不太现实的。

那在这些方面的"专注"，会对大脑产生不良影响吗？孩子们不也很"热衷"其中吗？例如，为了在游戏中战胜朋友而进行练习、动脑筋，这是否也可以算是"求知欲""长期热爱"的一种呢？

的确如此。但是，玩游戏和玩手机还需要注意一点，就是容易上瘾。

上瘾？就像烟瘾或酒瘾一样？

是的。因为这已经不单纯是"出于爱好去做",而是"因为上瘾了,所以大脑在渴望",换句话说,这已经是一种"病"了。例如,沉迷游戏的现象被称为游戏成瘾(或游戏障碍),根据世界卫生组织(WHO)的判定标准,成年人身上连续 12 个月出现以下现象者,就可被认定为游戏成瘾。

游戏成瘾的判定标准

出现如下状态并持续 12 个月

・无节制沉溺于游戏

・游戏第一

・为了游戏,什么都可以不管不顾

・游戏已经严重影响到个人、家庭、社会、学习、工作等多个方面

12 个月吗?我一般会在新游戏发售后沉迷其中一个星期左右,这没问题吧。

没问题啊。(笑)但是,幼年时期的大脑网络更灵活,因此比成人更容易上瘾。若出现以上所有症状,甚至更严重的情况,那么即便持续时间不长,也可以判定为游戏成瘾了。

因为沉迷游戏会对正常生活产生影响对吗?

除了影响生活之外，研究还表明，过度沉迷游戏可能导致大脑发展缓慢[40]。具体来说，会导致执行力、动机、记忆等认知功能发育迟缓。

啊，但是最近不是出了一些很受孩子欢迎的益智游戏吗？有些游戏既能锻炼大脑，又能提升创造力，还能学一些简单的知识，我还想让女儿去玩玩看呢。

当然，游戏可以锻炼大脑的某些区域，但是，"过度沉迷游戏"就会影响到大脑发育了。我前面也提到过，制定规则是锻炼自制力的一个重要环节，所以只要制定好规则，比如一天两个小时，晚上几点前停止，等等，就不会有太大问题了。

原来，数字素养*中也包括自制力的培养啊……

● 一天到晚离不开网络是"依赖症"的表现

网络依赖症也是如此。沉迷于社交媒体的现象，也同样被 WHO 认定为是一种疾病。

那现在岂不是天下皆病人了？（苦笑）

谁都可能上瘾。
关于戒不掉网络的原因，包括《手机脑》[41] 在内的各种论

---

* 数字素养是一套技能，包括使用数字技术发现信息并对信息的权威性和相关性进行批判性评估的能力。

文 [42][43][44] 中都记载过各位专家的研究结果。可以总结如下。

为什么戒不掉网络

①有"想看、想知道新信息"的信息搜索行为是我们与生俱来的能力（这也与寻找食物、猎物等奖励搜索行为有关）。

②"想看、想知道"等情感的源头是"期待"。满怀期待时，脑内会释放奖励激素多巴胺。

③期待得到满足后，人的兴趣就会锐减，并计划下一步行动。

原来"期待"得到满足并不意味着结束，而是意味着即将寻找下一个目标。

是的。兴奋感不会持续太久。兴奋感在满足"想看、想知道"的欲望之前会达到顶点，但下一瞬间，又会对其他事情充满好奇，因此怎么也无法停下来。

看维基百科的时候就会这样。

对对对。（笑）孩子看网络视频看个不停，原因很可能就在于大脑"想获取新信息"。这就类似于依赖症了。

但是"想看、想知道"不正是您提到的"十分重要的好奇心"吗？

的确如此，但重要的是"是否真正热爱"。

如果一味地执着于自己不喜欢的东西，就有可能是出现了依赖症。所以父母一定要认真分辨。

……说起来，我昨天一直在看某位艺人的八卦，但其实我并没有很喜欢那个人。

这大概因为"想知道，所以想知道"吧。多巴胺被大量分泌出来，于是就控制不住那种想要了解的欲望了。

是的，不知不觉就迷进去了……

没错！如果演变成手机依赖或网络依赖，那么无论是学习还是工作的质量，就会被大打折扣。大脑本来就不擅长同时进行多项工作，每次切换工作时，都要花上几分钟才能恢复到原来的专注状态。

深受前一份工作影响的情况有一个专业术语，叫"注意力残留"，如果在学习和工作的间隙看手机，删除注意力残留所需的时间就可能超过看手机的时间。[45]

如何正确地与手机或网络打交道，还真是个值得深思的问题呢。

一项日本内阁府于 2020 年进行的调查结果显示，10~17 岁的青少年每天的手机使用时间大约在 2 小时 40 分。两成左右的高中生每天使用手机的时间超过 5 小时，且使用时间还在逐年增加。

一天 5 个小时！都抱着手机干吗呢？

听说大部分时间都花在聊天和通讯工具上，其次就是看视频、玩游戏、听音乐，等等。

虽然现在也可以借助手机和网络来学习，但也不至于到一整天都需要通讯工具的地步啊，这些孩子到底在想什么呢？真就那么迫切地想进入社会吗？

好问题！研究表明，越是沉迷于聊天和社交网络的孩子，他们的幸福感也越低。通讯工具的使用频率越高，孩子的自我肯定感越低，也越容易感到孤独[46]。

居然是这样！

这是以 5~18 岁的孩子为对象进行的调查，结果发现使用社交网络的时间越长、频率越高，抑郁症状就越明显。所谓抑郁症状，是指虽然不至于达到抑郁症的程度，但也正处于情绪低落、感到不安的状态。

这是病啊……这到底是因为依赖通讯工具而感到孤独、消沉，还是因为感到孤独、消沉而沉迷于通讯工具呢？

虽然没有明确的答案，但青春期的孩子时常会感到孤独和情绪低沉，因此，逃避现实，在社交网络的世界里找到自己的位置，可能就是他们逐渐沉迷的原因吧。

● 让孩子"自己决定"怎么玩手机

总之，对于有自我意识自制力的孩子来说，手机可是他们的利器啊，但如果不是，就要"控制使用"手机了对吧？

的确如此。最近一段时间，很多小学也注意到了这个问题，并提醒家长重视网络风险和智能手机的使用，不过在此之前，我觉得要先看看大人们是否也沉迷于手机之中。

我再次总结一下长时间使用手机和网络的影响。

长时间使用手机和网络的影响

直接影响	间接影响（可能造成的损失）
依赖现象	运动不足
注意力、专注力障碍	学习不足
孤独感、不安、抑郁症状	睡眠不足
影响大脑发育	交流不足

那么，父母应该怎么做呢?

沉迷手机可能对将来的人生造成各种各样的损失，所以不得不像控制游戏一样，限制孩子的手机使用时间。智能手机当然也存在优点，但我们也应正视其中存在的缺点。

虽然我不愿意用硬性规定来束缚孩子，但又觉得别无他法。

不要采取"父母单方面制定约束规则"的形式，应和孩子好好沟通，让孩子自己制定规则。比如可以和孩子交换条件："如果能遵守约定时间，就给你买手机""如果不能遵守约定，就解除协议。"

这样培养孩子的自主意识，如果违反规则，父母就可以说"这是你自己决定的呀"。（笑）说不定还能顺便培养孩子的自制力呢。

总而言之，手机的使用时间应控制在不影响身心发育和生活的范围内。特别是在青春期前，孩子的大脑功能还没有完全发育成熟，所以只能给孩子规定好时间，并督导他们遵守。

关于使用时间，有各个年龄段的合理使用时长的建议吗？

我认为只要注意观察孩子的状态，灵活控制使用时间，确保不影响学习、睡眠、吃饭等其他各种正常生活即可。另外还有一个原则，我们在上文中也提到过——睡前 1~2 小时不要玩手机。

为了不降低睡眠质量对吧？

是的，对于发育中的孩子来说，睡觉也是一项重要的工作，所以要努力保证孩子良好的睡眠。

还有其他父母能做的事吗？

如果孩子还小，可以趁着他们还不了解手机和游戏的乐趣，多带他们参加户外体验等活动，让孩子爱上现实世界。让他们知道，在虚拟世界之外，还有很多有趣的事情和值得他们热衷的事情，不过这只是理想状态而已。

可能为时已晚了。

别忘了大脑可是有可塑性的。无论从几岁开始都来得及扭转。最后再补充一个建议，虽然有些刺耳，但忠言逆耳利于行。想要防止孩子依赖手机，父母一定要做到"不在孩子面前一直玩手机"。

尖锐！太尖锐了！

刚才也说到过，孩子是非常善于模仿的，更会认真模仿父母的行为。如果父母成天抱着手机，却对孩子说"不要再玩了"，岂不是毫无说服力？

啊，那怎么办？

只要减少接触手机的时间就可以了，比如想查看工作邮件或社交网络时，尽量不使用手机，而是改用笔记本电脑；想看新闻时，就选择纸质报纸；想要读书时，不要读电子书，而是读纸质书；想看网络视频时，就尽量避开孩子。这些细节都能改变孩子的习惯。

原来如此。那我以后都在厕所里看网络视频。（笑）

规定每天只看半小时网络视频

我规定孩子每天看网络视频的时间不能超过半小时。而且，我和其他爸爸说"孩子只能在周末玩 45 分钟游戏"时，他们都觉得非常惊讶："好短啊！"

我听泷老师说，长时间玩手机有患上手机依赖症的风险，所以我想将"限制孩子手机使用时间"进行到底。

第 4 章

受益一生的大脑规律

让头脑始终保持敏锐

1

运 动

大脑保持活力的秘诀

● 脑部萎缩会增加脑内间隙

这一章，我们聊一聊"对成人大脑有益的事情"吧。

对成人大脑有益的事情，对小孩子应该也同样适用吧？

您说得对，而且由父母来引导孩子尝试新事物的效果会更好。不如您就借此机会和女儿一起开始"运动"吧？

唔，运动吗？

除了运动之外，还有许多方法有助于提升成人的大脑水平。和处于成长阶段的孩子不同，成年人的大脑会慢慢地衰老。正如之前我们所谈到的那样，我们可以通过不断给予大脑适当的刺激，使成年人的大脑保持一个良好的状态，在提高工作效率的同时，延缓大脑的衰老。

请务必做一个分享！我想通过这个方法提升自己的创作速度。对了，这个方法对老年痴呆的预防也同样有用吗？

110

是的。您可以和家人一起尝试看看。作为医生，我们最大的心愿就是希望每个人都能拥有一个健康的身体。

您费心了。

那么接下来进入猜谜环节，下面的 MRI 图像分别是两个人的大脑截面图。将两张图片进行对比后可以明显发现，下面这张图片的脑内间隙较大，大脑有明显的萎缩现象，那么请您猜测一下这两个人的实际年龄相差多大？

两个人的年龄相差多大？

A 先生

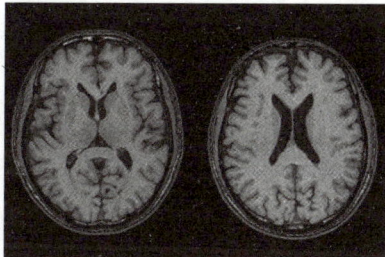

B 先生

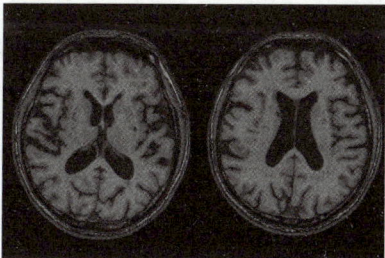

啊……完全分辨不出来。上面的这张图片脑间隙较小的 A 先生是 30 岁左右，下面这张脑间隙较大的 B 先生是 70 岁左右，对吗？

正确答案揭晓，其实这两个人都是 60 岁的老人。

这、这怎么可能！

即使同龄人，也会存在如此明显的差别。怎么样，见到如此明显的差距后，有没有充满干劲？

老师，请您教我！我真是一分一秒都不想等了！

● **从实际案例来了解"对大脑有益的事情"**

在此之前，请看下面图表中大脑认知机能在各个年龄段的衰退情况 [1]。

年龄与大脑机能的下降

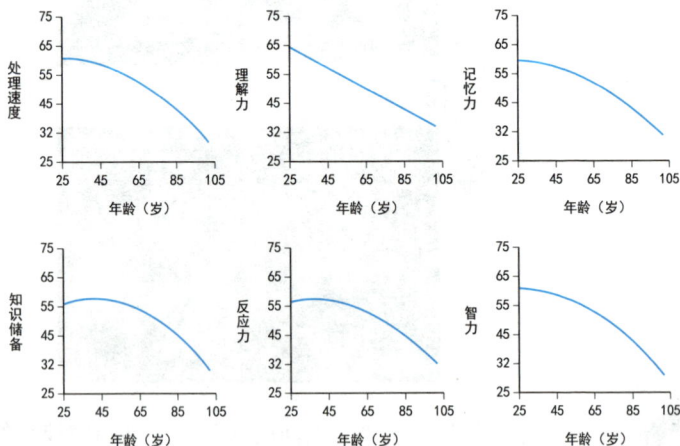

出处：Baltes P.B. et al., *Psychology and Aging*, 1997 年

处理速度、理解力、记忆力……上了年纪后，大脑各个方面的能力都会有所下降啊。

确实如此。即使是健康的身体，随着岁月的流逝，大脑机能也会有所下降，不过这也是因人而异的，也有一些年近百岁的老人依旧拥有如年轻人般充满活力的大脑。

咦……不可思议。

所以我们平时就应该注意养成良好的生活习惯以及注意科学用脑，让大脑时刻保持在一个良好的状态。

好的，我明白了，那么请快告诉我应该怎么做吧！

首先，经科学证实，有 3 个要素对保持大脑的健康和预防老年痴呆十分有效。这 3 个要素分别是：运动、兴趣（好奇心）、沟通（社交）"。
除此之外，还有 3 个次要要素：饮食、睡眠、幸福感。

所以，前 3 个要素的效果更好对吗？所以先从这 3 点开始做起就可以了吧？

可以这么说。不过后 3 个要素还有待进一步研究，说不定哪天就发现比前 3 点更重要呢。所以，目前最好的方法就是从这 6 个要素中，选择自己容易做到的。

原来如此，科研工作真是"路漫漫其修远兮"啊。

● 运动促进脑部血液循环

首先是运动。

果然是运动啊，无法逃离的命运。（苦笑）

但是运动对大脑可是好处多多哦，当然对身体的健康也是极其有益的。那么接下来，让我们聊一些稍显枯燥且专业的内容。当我们在进行有氧运动时，比如步行和跑步，身体会吸入大量氧气，加快脑内血液循环。脑内血液循环的加快会促使身体释放出激素促进脑源性神经营养因子（BDNF）、血管内皮生长因子（VEGF）、胰岛素样生长因子（IGF-1）、碱性成纤维细胞生长因子（FGF-2）等特定细胞的生长 [2]。

完全听不懂，我简直一窍不通。（哭）

那么我就详细说明一下吧。首先 BDNF 的增加可以促进海马体的神经细胞的再生 [3]。也就是说，运动有助于提高记忆力。不仅如此，BDNF 还有着其他诸多功效，比如促进神经网络的成型、弱化限制大脑成长的中枢神经系统抑制性神经递质——GABA [4]。

BDNF 真是无所不能呀。

IGF-1 的增加，会促进身体神经传导物质中的血清素以及 BDNF 的分泌 [5]。这会使我们体内神经细胞网络的联系变得更加紧密，有利于提高记忆力。可以说，VEGF 和 IGF-1 与我们的长期记忆是息息相关的。

也就是说，我们要为大脑的成长和维持提供所需的营养？

是的。（笑）

我懂了，不过话说回来，运动量的不同，会有很大差异吗？

关于这方面的实例有很多，但最显而易见的就是以下这条：
每周运动 2 次以上的中年人，患老年痴呆的概率会比其他人降低 40%。这对有遗传性老年痴呆风险的人群而言，效果会更加显著[6]。

什么？竟然高达 40%！

也有报告显示，只要每日散散步，老年人就能有效改善衰老导致的执行力及大脑协调能力下降的问题[7]。

好神奇。

众所周知，运动对精神方面也有着诸多益处。

运动对精神有益的实例

· 促进内源性大麻素的分泌，这是一种大麻素状的物质，可减轻感情中枢杏仁核的负担、减少疲劳感以及不安感[8]。
· 促进身体分泌号称"活力之源"的神经传导物质多巴胺，有着提升幸福感、改善注意力和专注力的功效[9]。
· 促进身体神经传导物质血清素的分泌，有着调节情绪、缓解焦虑、降低不安感的功效。

据说运动对于治疗抑郁症也有着显著的效果。

是的，抑郁症其实是由于压力过多而导致的一种慢性病。根据某项研究的压力测试显示，运动能够帮助受试者更快消除压力[11]。

那么具体来说，怎样做运动更为有效呢？

理想情况下，中高强度运动宜每周 2 至 3 次，每次 45 至 60 分钟。中等强度的运动一般指的是呼吸略微上升的快走或慢跑等运动[12]。高强度运动一般指的是剧烈喘息的运动。无论是有氧运动，还是肌肉锻炼等无氧运动，或者两种运动同时进行，并没有明显区别。网球、高尔夫或游泳等运动，也可以作为一种兴趣继续下去。

每周 2 至 3 次，每次 45 至 60 分钟吗……对于忙于工作和孩子的我们这一代人来说，有点儿腾不出时间啊。

所以平日里养成一个好习惯是很重要的。也可以考虑在工作时转换一下心情，散散步之类的。据说边走边想，也有助于思考问题。研究表明，边走边思考确实是迸发灵感和理清思路的好方法[13]。

啊！您这么一说倒还真是呢，我认识的企业高管中，确实有不少人都在公司周围来回踱步思考问题。

这是非常正确的做法。

在工作期间散步，看起来像在偷懒，实则不然呀。不过还有一个问题，我总担心每天运动过后会犯困。

事实上，这是件好事。白天的运动锻炼有助于晚上获得更好的睡眠，提高我们的睡眠质量，更好地缓解白天所积攒的疲劳。

如果我在白天犯困，该怎么办才好呢？

您可以小睡 15 分钟，最好的办法就是晨练。晨练可以唤醒我们的身体。也可以在午后小睡一会儿，晚上回到家中后再好好睡一觉。一般来说，运动导致的疲劳不会对工作产生太大的影响。

嗯，但是一想到还要洗漱打扫，就感觉好麻烦啊……

跳绳也可以哦，每天坚持 10 分钟左右的跳绳，也能够让您得到充足的锻炼。其实最好的方式就是肌肉锻炼。从实例来看，有氧运动毫无疑问是个好办法。如肌肉锻炼等能够对肌肉瞬间施加压力的阻力运动，对大脑机能的维持也有很好的效果[14]。我本人每天也都在坚持肌肉锻炼。

通过跳绳进行肌肉锻炼吗……

通过肌肉锻炼能够增加肌肉量，而肌肉量的增多会加速新陈代谢。可以有效预防肥胖和高血糖。而肥胖和高血糖往往是导致记忆力下降、嗜睡的病因，所以肌肉锻炼对大脑好处诸多。

明白了……那我就从工作进展受阻时散散步，和女儿一起去公园游玩时拿儿童单杠练练手开始做起。

对，就是这样！从现在能做到的事情开始，慢慢地养成习惯。也可以在工作中尝试使用立式办公桌。某项研究表明，被要求在日常学习中使用立式办公桌的高中生，其执行力和工作记忆能力都提升了 7%~14%[15]。这个改善程度相当于连续进行 13 周的锻炼。

就是站着工作吗？我也曾经坚持过一段时间。总之，最重要的是养成习惯。就算是高尔夫，3 个月打一次也不能对大脑起到什么刺激吧？

正如您所说的那样。但是万事开头难，踏出第一步的决心很重要。如果您享受打高尔夫的感觉，为了能做到"一杆进洞"，可能就会到训练场进行专业的训练，或者做一些肌肉锻炼。

对于讨厌运动的我来说，很难想象将运动养成习惯。老师您是如何将肌肉锻炼培养成一种习惯的？

简言之就是设立多个"小目标"。首先设立一个易于完成的小目标，然后慢慢增加难度，例如肌肉锻炼，就可以从"每周一个俯卧撑"开始做起。

这样的话谁都可以做得到。

1 次！

从谁都可以做到的事情开始，就是小目标法的精髓所在，最终，您就会养成每天锻炼肌肉的好习惯了。

那您可以教我小目标法吗？

乐意至极。那么让我们在第 5 章再继续这个话题吧。

兴 趣

轻松、全面增强脑力

● 兴趣爱好，好处多多

接着说说"兴趣（好奇心）"。沉浸在自己的兴趣里，这对成人而言，可以说是最佳的大脑训练方式了。

这是我常做的，可以说是毫不费力了。

求知欲越强，大脑功能就越不容易老化。一项关于求知欲与负责高级认知功能的侧颞区顶区体积之间关系的研究表明，求知欲越强的人，该区域的萎缩程度越小 [16]。

这样啊……

此外，求知欲越强，记忆力也越好。具体而言，就是求知欲可以提升海马体、腹侧被盖区、侧坐核、中脑黑质等部位的活跃度 [17]。该研究也表明，求知欲强的人群，在笔试中的成绩普遍比求知欲弱的人群优异，具体如下图所示。

求知欲强的人群正确率更高

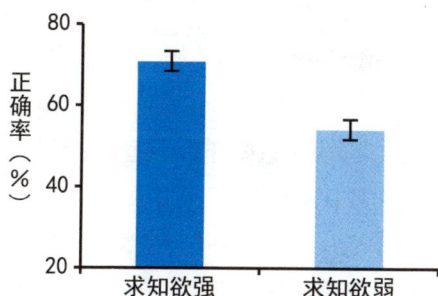

出处：Gruber M.J. et al., *Neuron*, 2014

这么说来，求知欲可真是一瓶神奇药水啊。

是不是很神奇？说到记忆力的问题，我是从四十多岁才开始学钢琴的，刚开始我根本记不住那些密密麻麻的乐谱，不过还是磕磕绊绊地坚持下来了。经过一段时间的练习后，我已经可以记住大约 10 页的乐谱了。可见，努力是真的可以提高记忆力的。当然，这对我的工作也有很大的帮助。

您可太厉害了。

此外，求知欲强的人，其压力水平也相对较低[18]。这一点很好理解，因为他们都在做自己喜欢的事情，这会让他们感到自由和快乐。压力是海马体及前额叶皮层退化的元凶之一，所以压力越少，大脑也就越健康。

爱好简直就是续命药剂啊。

您怎么不说"运动是续命药剂"呢?

啊,继续,您请继续……

您还挺固执的呢。(笑)只要开始,就永远不会太晚。
成人的大脑一样具有可塑性。

成年人总是选择放弃。我母亲就总说"我用不了智能手机的",
其实哪有什么不会啊,我女儿在 3 岁时就学会了,还只学了两
分钟而已。

是的。所以归根结底就在于"是否迈出了第一步"。无论是运动
还是兴趣都是如此。我跟很多人都说过"想要拥有一个健康的
大脑,那就必须有一个爱好,或坚持运动",大部分人的反应都
是非常消极的,比如"我都 40 岁了,哪里还能学钢琴""我都
50 岁了,还怎么跑步""我都 60 岁了,怎么还能学英语啊",等
等。其实与二三十岁的年轻人相比,中老年人的时间更多。完
全可以做自己喜欢的事情啊。

凡事不可操之过急啊。

是的。其实并非年纪大了就学得慢,因为无论是问题解决能力
还是信息收集能力,成年人都比孩子更为优秀,而且也更了解
自己。

这么说来还真是,我一般都是使用电脑软件来弹奏,但我家隔
壁的小学生却是日复一日地练习同一首曲子。偶尔我还会多管
闲事地想"这种做法有意思吗?"。

我完全理解您的想法。不可否认，机械性的重复练习对孩子是很有效的，手指灵活度的提升对思维的发展也有很好的促进作用，所以如果想成为一流的钢琴家，基础练习一定是必不可少的。但正如您所说，成年人出于兴趣选择做一件事的时候，完全没有必要强迫自己非要怎么样。自由、放松的状态才是最理想的。我们可以为自己设定一些小目标，享受不断进步的成就感。

我只做自己喜欢的事。（笑）

许多证据表明，兴趣（好奇心）对大脑有着积极的影响。大致可以总结如下。

关于"兴趣（好奇心）"的证据

①身体健康的老年人学习一门新外语可以维持创造力等认知功能，还可以减少痴呆症的患病风险 [19]。

②研究表明，在某个年龄段，每天阅读 3.5 个小时以上的老年人死亡率会比同龄人低 17% 左右 [20]。

③身体健康的老年人若能在 4 个月的时间内，坚持每日参加钢琴或绘画课程，他们的注意力、执行力等认知功能都能得到提升，且身体及心理的素质也更高 [21]。

④无论年龄多大，也无论是否患有阿尔茨海默病，老年人只要积极参与各种兴趣爱好活动，认知功能就能得到更好的维持 [22]。

⑤健康的老年人中，积极学习摄影和绗缝 * 的人群，其外显记忆（对个人经历过的事情的记忆），比只做被动活动（说话）的群体有显著的提升 [23]。

---

* 用长针缝制有夹层的纺织物，做出凸起花样。

外语、阅读、钢琴……有很多选择呢。我觉得关键在于"有多大的用脑量"吧。

是的。因此哪怕不是自己的兴趣所在，只要一直保持工作状态，就能维持大脑的年轻。我看过一个新闻，说的是一位在大阪某螺丝贸易公司工作的 90 岁老太太被吉尼斯认定为"世界上最年长的后勤员工"。该公司全面信息化的那年，她已经将近 70 岁了，但依旧兴致勃勃地学会了计算机。

是的，只要有兴趣，就可以一直工作下去，完全无关年纪！

这正是常葆大脑年轻的秘诀。

● 最佳选项是"演奏乐器"

要说到中老年人适合什么类型活动的问题，其实我已经提到很多次了，那就是演奏乐器。虽然休闲娱乐的种类繁多，但要说对大脑最有益的，就不得不提到演奏乐器了。乐器可以对大脑产生持续性的刺激，还能增加交流的机会，提高创造力。

果然是首选啊。

证据表明，乐器演奏者的大脑年龄普遍较低 [24]。而且这一趋势不仅出现在职业演奏家身上，就连一些乐器爱好者也是如此。还有数据显示，与那些只是偶尔碰碰乐器的人相比，热爱乐器演奏的人群患痴呆症的风险会降低 31%[25]。

哇!

日本预防痴呆症协会也表示,音乐疗法（演奏乐器）对预防痴呆症十分有效。不仅如此,演奏乐器还能降低我们体内的压力水平,从而提升免疫功能[26]。

还能减轻压力?

对了,西方音乐主要分为两种类型,一种是曲风明亮的大调,另一种是柔和黯淡的小调。儿童歌曲多为大调,但我自己写的大都是小调。这是不是代表我的思想压力很大啊?

没有的事。小调更能带动人的情绪,更富有"悲哀美"。听到悲伤的曲调时,我们的内心也被哀伤的情绪所占领,但小调也会唤起美好的记忆,让我们不知不觉想起故乡,想起曾经的故事[27]。除此之外,研究表明小调还具有刺激"自我反省"的作用。

哦,那我可以继续了。

● 对没有爱好的人的建议

我是属于那种觉得没点儿兴趣就白活了这一辈子的人,但我想世上应该还是有很多没什么兴趣爱好的人吧。

的确很多。其实没有爱好也是很正常的事情,丝毫不用觉得羞愧。只不过爱好不仅可以维护我们的大脑健康,还有助于家庭和谐呢。和孩子一起玩,可以增进亲子关系,也能培养孩子的

兴趣，有共同爱好的夫妻，吵架的频率都会比旁人更低。（笑）

怎么才能找到自己的兴趣点呢？

可以回忆一下过去做过的事情。无论是幼儿还是学生时代的都可以，例如弹钢琴、打网球、下将棋等。

这么说来，我最近突然迷上音乐也是有道理的，因为我在初中时曾经弹过一段时间的吉他。

这就对了。就拿乐器来说吧，弹得好坏并不重要，重要的是过去的经历能够成为重新拾起的契机。另外就是，尽量找那些不怎么花钱的爱好，否则又要花很长的时间考虑到底值不值得做了。如果想和钢琴来一个久别重逢，那就上网买一架便宜的电子琴。如果想慢跑，那就先穿着平时的衣服和运动鞋跑跑看。

我是那种非常注重形式的人……

当然，如果经济方面没有压力，注重形式也是毫无问题的呀。毕竟买一把昂贵的吉他回来，也会让人感到更兴奋、更有干劲的不是吗？如果真有打算在兴趣方面花钱，那就先回想一下有没有小时候特别憧憬的事情。例如我之所以会在五十多岁开始学习打鼓，就是因为我从小就很想学打鼓。

憧憬吗……好像也没什么特别憧憬的。

如果回想了也找不到合适的，也可以向身边有爱好的朋友拜师。假如您有一个喜欢摄影的朋友，那可以跟他一起出去采风，刚开始只要用手机拍照就足够了。

这倒真是个好主意。
不过要是拍 cosplay*，我就不参与了。（笑）

现在网络这么发达，无论什么东西，我们都可以在网上自学，只不过如果身边有个老师，会学得更快一些。无论是这个领域的魅力所在、行业趋势还是工具的选择方法等问题，自己的朋友就会非常乐意解答的。

比如也可以直接问"你为什么会这么着迷"，对吧。

对对对。能让人着迷的东西，一定有其独特的魅力。

啊，那些没什么朋友的人可怎么办？

那就试试旅行或烹饪这种可以独自完成的事情吧，而且这两样也有助于保持大脑健康。

旅行也是个很"烧钱"的爱好啊……

不用去太远的。坐两三站车去一个新的地方，也能算是一次旅行呀。旅行的好处在于可以刺激我们的好奇心。因为出门前，大部分人会先制订旅行计划、美食攻略等。除此之外，对于老年人来说，若能制订计划，并愿意按计划完成旅行，那就可以

---

* cosplay 是扮装游戏的缩写。一般指利用服装、饰品、道具以及化妆来扮演动漫、游戏及影视作品中的人物角色。

同时达到锻炼身体的目的。
而且即便是独自一人旅行，回
来后也会找机会分享自己的所
见所闻。那么就同时达到了促
进沟通交流的目的。

还真是这样呢！对了，老师您也喜欢旅行吗？

喜欢啊。而且我也喜欢研究古地图和历史，休息的时候会去东京的麻布和赤坂一带，走在那些小山坡上的时候，我就会想"这座山是武藏野台地的边缘啊！""这个地区曾是那位大名的庄园啊！""原来这座山的名字是这么来的啊！"边想还边乐呢。

自导自演的闲走塔摩利*。（笑）

还真是。（笑）我觉得很多男性都喜欢这样的闲逛吧。先确定一个目的地，然后在互联网或图书馆查阅关于这个地区的信息，这会让散步变得更有乐趣。更何况，散步本身也是一种运动，对大脑也有很大的刺激作用。

旅行和……烹饪对吧？

是的，烹饪也是一种很好的脑力锻炼活动。做饭前，我们需要打开冰箱看看存货，然后研究菜单、制订计划、去市场买菜。

＊　日本一档由塔摩利主持的真人秀节目。

做饭的过程中，还要同时处理多个任务，这很考验我们的统筹及协调能力。除此之外，我们的双手也需要进行"技巧性运动"，这也将大大激活大脑功能。

不过我其实不太会做饭，所以也得好好努力学习啦。

这么说来，最近很流行的"单人露营"兴许也很不错啊。旅行、烹饪一站式解决。

好主意啊。一个人的活动虽然无法与人交流，但大脑受到的刺激却丝毫不会减少。

3

沟 通

● 退休后，就成了笼中雀鸟

接下来说说"沟通（社交）"。

我一直不擅于社交，所有的工作和爱好都属于宅家类型，几乎不和家人以外的人打交道。这本身倒是没有太大的问题，但是不是不利于大脑健康啊？

不不不，您一直在写作，这本身也是沟通的一种方式。写作是需要思考的："我的这个说法，读者能理解吗？""读者们想看些什么呢？"

确实是这样。

所以您在写作的过程中可一点儿也没忽略沟通力的训练，较他人也是有过之而无不及的。别担心，写作一定是一种能够疯狂刺激大脑的活动。

哦哦，这样啊。

再说说社会参与及社会交流的重要性吧。==人在参与社会活动的过程中，大脑中涉及情感认知、语言、共情力及社会性等的各个区域都会被激活==[28]。刚刚我们不是提到了 90 岁后勤奶奶的故事吗，所谓"流水不腐、户枢不蠹"，大脑肯定也是越用越灵光的。

在公司工作，就免不了与人沟通。

不久前的一段时间，人们还觉得到了 60 岁就该退休，不过最近显然有了更多的选择。提前退休制度出台后，有些人到了五十多岁就选择了提前退休，而返聘政策的出台，也让不少六十多岁的人群选择继续发光发热。其实这个"退休年龄"是相当重要的。
数据显示，在健康的老年人中，退休年龄每提高一岁，就能降低 11% 的死亡风险[29]。

天哪！

现在有些人会选择提前退休，并搬到生活成本较低的农村生活。但事实证明，提前退休对 60~65 岁人群的执行力存在负面影响[30]。

提前退休意味着更早进入悠闲自得的生活状态，但也不一定是好事啊。

当然，如果退休后依然有自己的爱好，还能与志趣相投的好友互相交流，那自然就不用担心啦。

可见，大脑状态的变化取决于退休后的生活状态。

确实是这样的，看看以下数据就知道了。

老年人的生活方式与认知功能

· 与不善于交际的人群相比，善于交际的健康老年人在 12 年内的认知功能保持率最高可达 70%[31]。

· 与不善于交际的人群相比，善于交际的健康老年人在 6 年内的记忆衰退率仅为一半左右 [32]。

· 与频繁接触社会的老年人相比，孤立的老年人患痴呆症的风险明显增高 [33]。

哦！差别还是挺大的呢……

会打扮的老年人，大脑更年轻

那么，如果父母腿脚不好、无法经常出门，我们又该怎么办呢？坚持每天给他们打电话？

可以教他们使用智能手机或平板设备，然后采用视频通话的方式和他们保持联系。研究表明，健康的老年人在连续 6 周坚持每天视频聊天 30 分钟后，与只打电话的一组相比，其语言、执行力等高级认知功能均有所上升 [34]。

哦，可见视频通话比单纯的音频通话更好啊。

输入的信息越多，大脑受到的刺激自然也就越大啊。除此之外，**在社会交往方面，穿着是否整洁、美观，也会对大脑产生影响**[35]。我也为许多老年人做过大脑的核磁共振，发现那些打扮得十分整洁，让人印象深刻的老年人，大脑一般也比较年轻，反之则多为大脑萎缩。

有意思！

说起来也是个先有鸡还是先有蛋的问题了，通常出门活动的人，肯定会更注重保持良好的形象。我甚至觉得人们出门就是为了穿上好看的衣服。买了漂亮衣服后，自然而然就会想"去逛逛街""去和朋友喝个茶"了吧，女性更是如此。

我母亲到这个年纪了还在迷恋辣妹装。（汗）

这里说的整洁美观，说得并不一定是要打扮得多年轻，而是不能自暴自弃，觉得"我都这个岁数了，打扮不打扮的，又有什么区别呢"，外表与大脑或身体的健康，乍一看似乎毫无关联，却引起了世界各地科学家的广泛关注。

原来如此。

4

饮 食

合理饮食提升大脑状态

● "怎么吃"比"吃什么"更重要

饮食当然也会对大脑发育产生影响。例如，包括水果和蔬菜中含有的维生素 C、维生素 E 及矿物质[36]，糙米中含有的 γ - 谷维素[37]，红酒及绿茶中含有的多酚类物质[38] 以及鱼类中含有的 ω -3 脂肪酸[39] 等，都是十分有益于身体健康的营养元素。特定成分与大脑健康之间的关系向来是各大专家们的研究对象。

偶尔也会成为健康节目中骗人的素材。

是的。（笑）当然，有意识地摄入这些成分肯定是好事。但说实话，如果只是偶尔摄入这些成分，对大脑的影响是微乎其微的。但如果为了变得更聪明而拼命摄入这些食物，又会破坏饮食的营养平衡，反而对身体造成负担。

原来如此。

所以我觉得，与其关注个别成分，不如多多考虑饮食风格和整体饮食，因为这对大脑的影响更大。

您的意思是，日式的饮食风格更好一些?

日式也是一个很好的选择[40]。另一种广受好评的是"地中海饮食"[41]。

地中海? 位于欧洲和非洲之间的那个地方?

对，例如西班牙菜、意大利菜和希腊菜等。以下是关于地中海饮食的简要概述，这种风格的饮食还有助于减肥哦。

地中海饮食风格的特点

· 多吃鱼和海鲜，少吃肉
· 多吃水果和蔬菜
· 少量摄取多酚类物质（红葡萄酒）
· 多吃坚果
· 使用橄榄油

基本都是我不怎么吃的东西……

没关系，尽量改就可以了。另外，将地中海饮食与预防高血压的饮食风格相结合后，就成了"MIND 饮食法"。这是由美国拉什大学医学中心提出的一种可预防老年痴呆症的饮食方法。报告显示，连续使用 MIND 饮食法超过四年半的人，罹患阿尔茨海默症的风险同比减少了 54%[42]。

下面总结一下这些在"MIND 饮食法"中，"尽量多吃的食物"和"尽量少吃的食物"。

"MIND 饮食法"的特点

尽量多吃的食物	尽量少吃的食物
完整的谷物（每天三次）	除鸡肉外的其他肉类
绿色沙拉（每天一次）	（每周不超过四天）
葡萄酒（每天一杯）	黄油（每天不超过 1 汤匙）
坚果（几乎每天）	奶酪（每周不超过一次）
豆类（每两天一次）	油炸食品（每周不超过一次）
鸡肉（每周两次）	快餐（每周不超过一次）
浆果（每周两次）	
鱼（至少每周一次）	

我努力……

正如我们在提到儿童生活习惯的时候也曾说过，饮食应尽量保证多样化。MIND 饮食法的一个好处就在于可以保证饮食的平衡性及多样性。其实我们应该尽量避免饮食的单一性。很多健康节目总是在强调某一种食物的疗效，例如"纳豆很好"或"椰子油很好"之类的，这很容易导致挑食，其实这对大脑是不利的。

我开动喽

我明白了。

● "八分饱"的人看起来更年轻

虽说饮食讲究多样化，但也要注意控制摄入的食物总量，因为食物"量"也会对大脑产生影响。老话不是常说"吃饭只吃八分饱，倒茶七分即为满"吗？八分饱是最有利于健康的饮食方式。

这样啊！

曾经有一项研究将一组健康、体重正常的 37 岁的人集中在一起，并在两年内减少了他们 25% 的卡路里摄入量，结果他们除了体重降低 10% 外，许多慢性炎症也得到了大幅的改善，不仅如此，他们的睡眠质量也较以往提高了许多，性格也变得更温和了 [43]。

体重降低这个我可以理解，但为什么减少卡路里摄入也对大脑有好处呢？大脑不也需要许多"燃料"吗？

因为，肥胖会导致海马体萎缩，所以减少卡路里摄入后，就可以防止这种问题的出现。除此之外，人体内有一个"长寿基因"，只有在减少卡路里摄入，让身体进入"饥饿状态"时，这种基因才会被激活 [44]。
长寿基因也被称为"年轻基因"，一旦激活，就能延缓人体衰老。

哦哦！这么好的基因可得让它每天都活跃起来呢！

是的呀！虽然现在尚不清楚为什么会有这种效果。但是，想要拥有年轻的大脑，那就尽量只吃八分饱吧。这一点，倒是众口一词。

可是控制卡路里的摄入，这有点儿困难啊……那我岂不是就不能吃拉面、米饭或饺子了。

三种碳水化合物是不是有点儿太多了呀？（笑）慢慢适应就好了。有一种控制卡路里摄入量的饮食方法，被称为"正念饮食"。

一边冥想一边吃饭？

还真有点儿那个意思。所谓的"正念饮食"，就是在进食的时候将所有的注意力放在面前的食物上，用感恩的心慢慢地享受每一口食物的美味、口感等 [45]。

我向来都是狼吞虎咽……

进食速度过快时，饱腹感的信号就会滞后，很容易导致暴饮暴食。正念饮食的好处在于，我们会慢慢咀嚼，延长进食时间。所以只要有意识地放慢咀嚼速度就足够了。

我得改改了。

再说集中注意力这一项。报告指出，吃饭的时候刷手机或看电视，都容易让人在不知不觉中多吃了几口 [46]。据说这是因为关于"吃过了"的记忆被冲淡了。

我明白了。所以当务之急是要从关掉电视，慢慢咀嚼开始。

吃饭的时候尽量把所有的注意力都放在眼前的食物上。当然，与家人聊天也有助于维持大脑健康，所以我说的集中注意力，并不是"吃饭时不能说话"。

● 不吃午餐会让大脑更清醒？

说起来，我在交稿截止日前，为了保持精神的高度集中，会选择不吃午餐。就我的经验来说，我觉得这是集中精力的最佳方法。这是有科学依据的吗？是不是因为前面提到的长寿基因被激活了。

我觉得不吃午餐更有精神的原因其实在于避免了犯困。摄入大量糖分后，人体内的血糖会迅速上升，而当血糖下降时，困倦感就会袭来了。这也就是为什么很多人会在下午 2 点左右坐在办公室里"小鸡啄米"了。想要保持头脑清醒，只要避免血糖水平的剧烈波动就可以了，倒也不是只有"不吃午餐"这个方法。

我明白了。那我们应该怎么做呢？

先吃蔬菜，再吃主食的做法可以避免血糖骤升，这被称为"蔬菜优先饮食法"。除此之外，还可以减少诸如米饭、面包或面条等主食，改为重视蛋白质摄入，纳豆、鸡鸭蛋、鸡胸肉、鸡肉末等都是很好的选择。主食方面以高纤维食物为主，例如以糙米代替白米，以全麦面包代替面包，以荞麦面代替乌冬面等。

偶尔去便利店能看到一些写着"可以抑制血糖升高"的酸奶等产品，真的有效吗？

是的。那些产品大多是以膳食纤维类食物为主。摄入膳食纤维等人体难以消化的成分，可以大幅减低糖分被人体吸收的速度。

糖分被拦住了！

没错。前面提到的"蔬菜优先"其实也是一样的道理。先在体内布满膳食纤维，这样糖分进入体内后就不会上升得那么快了。

哇，学到了！

有意识地对血糖进行控制后，我再也不会在白天犯困了。即使是同样的饭菜，一旦改变了进食顺序，人体就会出现截然不同的反应。除此之外，小憩也有利于集中注意力和提高记忆力。

那么，哪种情况是最糟糕的？

"啊，我好饿啊，先喝杯果汁垫垫吧。"因为果汁中的糖分很容易被人体吸收，所以喝下后，血糖水平就会一下子冲上去。

所以，如果在重要的采访前喝果汁，反而会感到更困。

如果想喝一杯 100% 的橙汁，那我建议还是直接吃一个橙子的好，因为橙子中含有膳食纤维，可以抑制血糖的上升。

明白了。

5

睡 眠

适度睡眠让大脑神清气爽

● 睡眠可以"洗"去脑中的"废弃物"

接下来说说"睡眠"。

我们常说能睡的孩子聪明，这句话也适用于成人吗？

睡眠可以帮助我们巩固记忆、稳定情绪、提高创造力，这一点无论孩子还是成人都是一样的。与此同时，睡眠对成人还有一项特殊的福利，那就是"洗"去脑中的"废弃物"。

哇哦！

随着年龄的增长，一种名为 β–淀粉样蛋白的蛋白质会不断在我们的脑中沉积，达到一定程度后，就会诱发阿尔茨海默症。但是，我们一旦进入睡眠状态，β–淀粉样蛋白就会被快速清除。

这是因为血流的原因吗？那我们是不是可以通过运动或饮酒来改善血液循环，加速 β–淀粉样蛋白的排出呢？

当然是可以排出去一些的。只是我们醒着的时候，脑中的神经细胞间隔紧密，会阻碍那些废弃物流动。

因此，当神经细胞间的空隙增大时，废弃物就可以被液体冲走了是吗？

是的。有一种叫"细胞间液"的物质，也就是细胞间的液体，会在我们睡眠期间加速冲走脑中的废弃物[47]，因为人在进入睡眠状态后，神经细胞间的空隙会增大 60%。

原来如此。那么成人每天应保证几个小时的睡眠时间呢？

关于这个问题，虽然各家说法不一，不过大部分观点还是认为，7 小时左右的睡眠时间是最好的[48]。当然这也存在个体差异，所以如果您想知道自己的最佳睡眠量，那就在休息日关掉闹钟，看看睡到自然醒需要几个小时吧。

单身时代，我一般会睡 10 个小时左右……就是找一个飞镖吧*喝到早上，然后上床睡觉，醒来的时候太阳都快下山了。不过现在一般都只会睡四五个小时了……

四五个小时的睡眠，我认为是不够的，这会给您的身体带来压力。至少再睡两个小时吧，这样您就会发现大脑状态大不一样了。

---

* 以玩飞镖为主要娱乐活动的酒吧。

那么这种大脑状态足以弥补因多睡两个小时而损失的工作时间吗？

我甚至觉得绰绰有余。我以前也是个夜猫子，觉得"睡觉是浪费时间"。但自从在论文中看到这个观点后，我就开始要求自己每晚至少睡足 7 个小时了。我喜欢在早上工作，所以一般维持在晚上 9 点到 10 点间上床睡觉。

那岂不是和幼儿园的孩子一样早。（笑）

只要没有"二次会"*，我一般都能保证在这个时间段睡觉。

● 睡眠不足会导致"端粒"变短

我最近都是凌晨 2 点睡觉，早上 7 点起床。所以需要 7 个小时的睡眠，我就要保证晚上 12 点前入睡，如果需要 8 个小时，就得是晚上 11 点前入睡了。可是我只有等孩子睡着了，才能集中精力写作啊。

尽力就好，比如可以要求自己务必在凌晨 1 点前睡着之类的。虽然我也不想给您太大的压力，但研究结果显示，睡眠时间少于 5 小时的男性，比睡眠时间超过 7 小时的男性端粒短 6%，这个端粒也是衡量寿命长度的一个标准[49]。

什么是端粒？

---

* 晚饭后的娱乐活动。

我们体内的细胞会在一生中分裂很多次，但也并非无穷尽的。端粒位于细胞的染色体上，相当于细胞分裂次数的计数器，随着细胞分裂次数的增多，端粒会变得越来越短。事实上，过度的压力和长期睡眠不足也会是导致端粒缩短的直接原因。

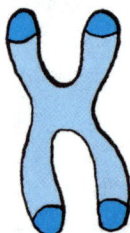

端粒

天呐！其实我也意识到"自己正在玩命"，只不过没想到还有端粒缩短这回事！

唔！不过您的女儿已经 4 岁了是吗？我也是过来人，等孩子上了小学后就能轻松很多了，到时候您也就能多睡几个小时了。

嗯，很好。等她长大后，我要保证每晚 9 个小时的睡眠，并写出一本畅销书来！

啊，也有研究表明，睡眠过多也不是件好事哦。

不是吧！

假如我们把每天睡 7 个小时的人患痴呆症的风险视为 1，那么睡眠时间不足 6 个小时的人，患痴呆症的风险指数为 1.36，而睡 8 小时以上的人，其风险指数则为 1.27[50]。可见，7 个小时左右是最佳睡眠时间长度。

不过最近又有一份报告显示，睡太饱不会直接导致患痴呆症的风险增高 [51]。但是关于睡眠不足的危害，倒是持相同的意见。

明白了。我得注意保证睡眠时间了。

睡眠不足和过度睡眠都不利健康

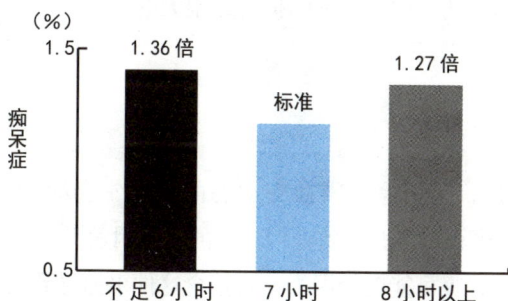

（%）

出处：Chen J.C. et al., *Alzheimer's and Dementia*, 2016

除此之外，睡眠质量也很关键。尤其是无法保证睡觉时间的时候，更要想办法提升睡眠质量了。针对这一点，我做了如下总结。

如何提升睡眠质量

· 睡前至少一小时不碰手机或电脑。
· 通过运动等方式，增加白天的体力消耗（但不要在睡前进行剧烈运动）。
· 确保日照充足。
· 午睡不要睡太久，入夜后不可再小睡。
· 睡前洗个温水澡。
· 睡前喝杯热饮。
· 保持卧室安静、昏暗、温度适宜。
· 如果毫无睡意，就不要逼迫自己入睡了。

还真是涉及各个方面呢。

还有一点要注意，除了中学生外，很多成年人也喜欢睡前一直刷社交动态，其实这对大脑的损害是很大的。

因为蓝光？

不仅是蓝光。无法停止刷社交动态的人通常会感到"害怕错过"（FOMO）*，这也是导致他们焦虑的一个因素[52]。如果在睡前刷社交动态，很可能就会因为一直挂念这件事而导致无法入睡。

这简直可以算是一种瘾了吧，可是如果真的焦虑，不就更难忍受了吗？

话虽如此，但我们依旧可以通过调整行为习惯来改变。例如，可以下决心睡前一小时不再刷社交动态，而是改为阅读。同时加大白天的运动量，让自己沾上枕头就能入睡。

果然还是离不开运动啊。

运动能让我们的大脑更加活跃，并改善睡眠质量。睡眠质量上去了，大脑的状况也能随之得到改善。可以说是一箭双雕的美事了。
编辑 T 先生最近似乎也开始运动了。

---

* FOMO（Fear of Missing Out），意为"害怕错过"，在 2013 年被加入牛津词典。它指的是害怕会错过社交媒体上发生的事情。

每天跳绳 5 分钟，就能睡个好觉

我是编辑 T。受新冠肺炎疫情的影响，如今我一直都在家办公。这一段时间，我总感觉怎么睡都无法消除疲惫感。后来在泷医生的建议下，我养成了两个好习惯，于是睡个好觉不再是梦。

首先，我戒掉了晚上用平板看视频的习惯。

其次，我每天中午都会跳绳 5 分钟，这一点儿都不困难，却能帮助我尽快入眠。

6

幸 福 感

● 幸福感强烈的人，寿命一般都比较长

最后来说说"幸福感"吧。

我对"幸福感"完全没有概念，它具体是指什么呢？

对当前生活的主观满意程度，被称为"主观幸福感"。如今，"幸福感"已经成了全球瞩目的研究课题，可以肯定的是，"幸福"的感觉能够对大脑产生积极的影响。据估算，觉得自己幸福的人，寿命比觉得自己不幸的人长 14% 左右 [53]。若把这个数据放在发达国家的背景下计算，那么这部分人就可以多活 7.5 年到 10 年了。

哇！

那么，什么样的人幸福感更高呢？能够做自己喜欢做的事情，善于交际并积极参与社会活动 [54]，以及积极参与志愿服务等帮助他人的事情 [55]，据说这些人的"主观幸福感"一般都比较高。

做志愿者也能提升幸福感？说起来我母亲现在就在担任社区福利相关的民生委员呢。

那就再好不过了。这不但可以加强她与社会间的联系，增加与他人间的交流，还能造福他人。虽然很辛苦，但我想也一定会让她感到很幸福。真心希望全天下的老年人都能像您母亲一样活跃。

这也有助于预防痴呆症吧。

也有研究表明，主观幸福感有助于取得社会成功 [56]。换而言之，感到快乐的人更有可能获得社会方面的成功。

那是肯定的呀，成功自然能让人感到高兴。

这是自然，不过我说的是相反的情况。

您的意思是，感到幸福的人可以利用他们的积极思维来获得成功？就像美国电影那样？

我的意思是并非只有天性乐观的人才能成功。有观点认为，只寻求自己的利益——也就是"只要我过得幸福就好"的人，最终可能因众叛亲离而感到极度孤独 [57]。

这是肯定的。

所以，如果想要提升幸福感以获得成功，志愿服务或公益活动都是不错的选择。放眼全球，许多大富豪都有做慈善的习惯，例如比尔·盖茨就为此成立了财团。

● "消极型"人格也有优势

原来如此，我明白了。那么是不是可以说，积极型的性格更容易感到快乐呢？

并非如此。消极型的性格其实也有优势的。例如焦虑症患者、易忧虑人群、对自己没有信心的人，其实完全无须改变自己的性格。

我女儿就有一点儿这样的倾向。那么这些人有什么优势呢？

数据显示，小时候容易焦虑的人，在成年后出现致命性事故的概率更低 [58]。因为焦虑是人类的一种防御本能，我们需要依靠它来保护自己。说起来，我儿子也非常胆小。

我曾经问过一位风险资本家，什么样的企业家最容易成功。他的回答是"习惯担心的人"，"因为他们对细节有着敏锐的洞察力，总能做到未雨绸缪"。

这和我的情况倒是很相似。我小的时候每天都有这样那样的担心，比如"怕下周考不好""怕自己忘了什么"。您还别说，总是担心的人确实考虑得比较周全，也不容易丢三落四的。

焦虑症万岁！

不仅如此，还有一项研究发现，易焦虑人群对他人的心理状态变化更敏感，也有着更高的共情力 [59]。

听说我的孩子在毕业典礼排练上都能哭出来。明明不是马上要毕业的。（笑）

我觉得她是个很有共情力的孩子。

她总是害怕这个害怕那个的，有时候我还真是挺担心她的这种性格。

其实这是上天的恩赐，无须去否认或试图纠正。这个世上既有小心谨慎的人，也有没心没肺的人，所以我们不该指责他们"你可真是个懦夫"之类的，相反更应该夸他们"这是你的优点啊"，否则孩子就会不断地否定自己，觉得"自己真没用"。

是该小心了。

另外，有些人总喜欢怨天尤人，但其实愤怒也不一定就算是负面情绪[60]。遇到不公平的事情时，不是每个人都能云淡风轻地说一句"算了吧"，总有一些人会因为愤怒而采取一些实际行动，甚至卧薪尝胆，只为一雪前耻。并非所有的事情都能一笑而过的。

可见，焦虑和愤怒不一定都是负面情绪。

焦虑和愤怒都会给人造成压力，当然，如果没有压力也没必要故意创造压力。但是，如果出现了这种情绪，也无须悲观，要学会接纳最真实的自己。同理，如果在孩子身上看到这种情绪，那就将其视为孩子的一种个性来看待吧。

可是，容易焦虑和愤怒的人，如何才能提升幸福感呢？哦，您说过不用强迫自己开心的对吧。

报告显示，情绪波动越大，幸福感和生活满意度就越低，抑郁和焦虑也会越严重[61]。所以，只有善于控制自己情绪的人，才会拥有持久的幸福感，注意，这一点是无关性格的。想要控制自己的情绪，首先就要了解自己情绪变化的时机以及征兆。

哦，我明白了。

觉得"我的性格真是太糟糕了"的人，自我肯定感一定不会太高。了解自己易焦虑的性格后就可以告诉自己"我现在有点儿紧张，但就算此刻失败了，我也能尽快挽回损失，那就放手一搏吧"。而容易愤怒的人就可以对自己说"我又开始生气了。但现在发脾气只会让自己的工作更受影响"。

也就是说，只要控制好自己的情绪，即使易焦虑或易愤怒的人也能感到幸福，对吗？听您刚刚说的意思，控制情绪就相当于客观看待自己吧？

客观看待自己，这在心理学上有一个专业的术语，叫"元认知"*。其实元认知才是决定个人幸福与否的关键。这一点我们稍后再详细讨论。

元认知……这倒是没听说过。

---

* 美国心理学家 J.H. 弗拉维尔提出的概念，即对认知的认知。

● 如何"轻松"提高幸福感

但是，能客观看待自己的人毕竟很少，我们很难对一个觉得自己正处于不幸中的人说"你必须感到幸福"吧？

确实如此。不过除了"元认知"外，还有两个简单的方法可以提升我们的幸福感：一个是"回想法"，另一个是"正念疗法"。

回想？

是的。所谓的回想法，就是通过美好的回忆来提升幸福感，例如回忆自己的老房子、看看过去的照片、重新买一辆自己过去用过的车型的汽车、听听老歌，或是想想过去的事 [62]，据说这么做还能加强与社会的联系、提高满足感呢。因为在这个过程中，脑中参与记忆的海马体和参与奖赏系统的中脑黑质和腹侧肢盖区会被激活，并刺激多巴胺的产生 [63]。当然，那些不好的记忆就别再回想了。

我明白了。但说实话，对于那些四十多岁，上有老下有小，正疲于奔命的人来说，哪有时间回忆自己的童年或学生时代啊？

我能理解。但人们总是误以为沉湎于怀旧是一种"逃避现实"的行为，实际上并非如此。因为回想时，我们使用的是大脑中用于计划未来的那块区域 [64]。换而言之，积极回想过去的时候，我们的大脑也被改变成能更好地计划未来的样子。

我以为这是一个消极行为，原来是这么积极的啊？

是的，因为现在是建立在过去的基础上，而未来又是建立在现在的基础上。我们要意识到这一点。

这听起来有点儿难啊。

其实一点儿也不复杂的。如果您家里还留着一些小时候的玩偶或汽车模型，可以把它们放在房间的某个角落里做装饰，或是把小时候和小伙伴们的合照放进相框里。只要创造一个小小的"怀旧空间"就足够了。

这样就可以了？说起来，我经常让女儿看手机里的老照片，那些都是她珍贵的成长记录啊。

我记得有本育儿书曾说过，这种做法可以"提升自我肯定感"。所以您的意思是，这对成人也同样有效，是吗？

是的。虽然似乎很多人都对此表示怀疑，但请一定相信，回想可以改善我们的大脑状态。生活在现代社会的人们，每天都在忙碌中度过，必然承受着很大的压力。相较于一味埋头苦干，偶尔偷得片刻光阴回忆往昔，会让我们内心充满幸福感，这对提升工作效率也会很有帮助。

原来如此。

● "发呆"对大脑也有益处

接下来说说"正念疗法"。正念疗法是指抛却一切经验或先入为主的观念，将意识集中在"当下、此处"，与"冥想"类似，据报告称也具有降低痴呆症患病风险的效果。

怎么感觉越说越变味了，听着怎么有些不太靠谱?

不，不。(笑)这是有科学佐证的。操作起来也非常简单，只要发呆就好了。

仅此而已?

是的，每天抽出一点儿时间，什么也不想，放空自己。这对大脑是非常有帮助的。

可是放空脑子的时候，头脑也不会转动的吧?

想必很多人都会这么觉得吧。但事实上我们在发呆，也就是在什么都不做的时候，脑中的"默认模式网络"会被激活。这个网络的主要职责在于提升创造力、重现片段记忆、想象未来、理解他人等，可以算是大脑的调度员吧[65]。所以发呆对大脑而言可是很重要的哦。

哦!

报告显示，时常"冥想"的人，其掌管"注意力"的前额叶皮层，以及掌管"感觉处理"的右半球前岛叶皮质体积都有所增加[66]。因此可以说，发呆有助于提高大脑性能。

看样子，发呆也不是什么坏事嘛。

正念疗法和冥想还有一个非常大的好处——减压。研究表明，一个人坚持冥想的时间越长，脑部的杏仁核在受到压力时的异常活跃度就越低[67]。这意味着这个人的耐压度更高，性格也就更温和一些。
正念疗法也已被证实有利于排解压力、减少反刍式思考、降低焦虑、宽容待人待己[68]。

反刍式思考是指无休止地思考同一件事吗？

对。

这种情况倒是偶尔会发生。比如我躺下后会一直想"我今天怎么能说出那种话""要是现在睡觉，工作还来得及吗"之类的事，（苦笑）而且一想就是两个小时，完全睡不着。

对吧，所以说在无法入睡或抑郁的时候，一定要试试正念疗法。我会在每天睡前进行5分钟的正念疗法。无论这一天过得多糟糕，我都能因此而平静下来，安然入睡。

哦，我明白了。不用特意选在白天做，也可以将其作为一种睡前习惯……唔，可是要怎么做呢？专心致志？

"专心点！"这话说起来容易，做起来可难了。我们要做的，只是注意身体变化即可。例如"空气正在从我的鼻孔进出""我的手腕正在触碰床单"等。就像在以上帝视角观察自己的身体状态一样，注意到自己身体的每个细微变化。

然后我就会想"这床单该洗了，就是不知道明天会不会出太阳"，接着掏出手机查看天气预报。这样就不行了吧？

总之就是这么回事啦。（笑）不善于控制情绪，或正承受着巨大压力的人，可以通过运动、冥想、充足的睡眠来有效排解压力。

我这才明白原来正念疗法这么有用呢。

7

生 活 习 惯

避免烟、酒、肥胖

● 烟、酒、肥胖……

说了这么多"对成人大脑有益的事情",当然也不能忽略"对大脑有害的生活习惯"。接下来我就简要地说明一下吧。

我有种不祥的预感。(笑)

首当其冲的就是酒精了。我们当然不反对适量饮酒,但切记一定不可酗酒。在下图中(见下页),横轴表示我们这一辈子的饮酒量,纵轴是大脑的局部灰白质,我们可以简单地理解为大脑密度。酒精量的上升会导致密度下降,大概就是这样的 [69]。

这下降得还真是挺厉害的。

嗯,不过您仔细看看刻度,其实差别也不是非常大的,而且适量饮酒可以缓解压力,所以倒也不能说酒精就是害人精。但至少应该意识到:喝得越多,大脑就越可能萎缩。
好了,下一个就该说说香烟了。

喝得越多，大脑就越萎缩

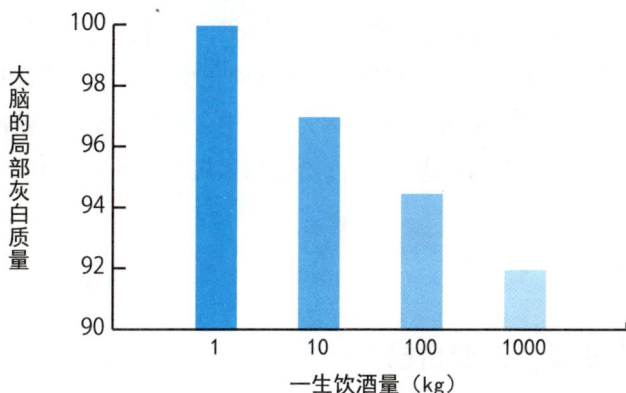

图表纵轴：大脑的局部灰白质量（90—100）
图表横轴：一生饮酒量（kg）（1, 10, 100, 1000）

1kg：大约半年喝一罐 350ml 的啤酒
10kg：大约半个月喝一罐 350ml 的啤酒
100kg：大约每两天喝一罐 500ml 的啤酒
1000kg：大约每两天喝三罐 633ml 大罐啤酒

出处：改编自 Taki Y. et al., *Alcoholism*, 2006

第4章 受益一生的大脑规律

我就知道得有这个……我坦白，我是一个吸烟者，香烟对我来说就是精神镇静剂，可以帮助我集中精力。

我明白的。（笑）不过已有证据显示，肺功能下降会导致小脑等部位萎缩[70]。也有报道称，长期吸烟会让痴呆症的患病风险增加 1.6 倍[71]。

呜呜呜，太可怕了。

接着就是老生常谈的肥胖了。一个人越是肥胖，控制思维的大脑前额叶皮层和海马体的萎缩程度就越严重[72]，除此之外，数据显示，肥胖会让痴呆症的患病风险增加 1.6 倍[71]。

再也不能说"胖点儿才有福气"了。

烟、酒、肥胖都会导致"动脉硬化"，顾名思义，就是血管壁会变得越来越硬，研究显示，动脉硬化也是导致大脑萎缩的原因之一[73]。2型糖尿病*就是因为血液中含糖量增加，不断损伤血管，最终造成动脉硬化。同时，2型糖尿病也是阿尔茨海默症的一个诱发因素[74]。

● 积少成多，改变自己

哎，其实我就是2型糖尿病患者……缺乏运动、睡眠不足，还是个"老烟枪"，再加上又有糖尿病，看样子以后不得痴呆症都难啊！

不不不，这也未必。我们刚刚不是说到很多能够促进大脑发展的因素吗？比如运动、爱好、沟通等，只要您能注意到这些方面的改进，就足以弥补大脑现在的亏空了。您可以先计划一下自己能做的事，然后就立刻开始做吧。

无须追求完美对吧。

是的，是的。找到那些"我做不到100分，但能做到10分"的事情，然后将它们组合起来。例如：少抽一支烟、去幼儿园的方式改自行车为步行、多吃蔬菜、多睡一个小时、在办公桌上摆一张小时候的照片之类。

---

* 旧称非胰岛素依赖型糖尿病或成人发病型糖尿病，是一种慢性代谢疾病。

这些……听起来也不难嘛。

积少成多，改变自己，未来定会因此而改变。

简单有效的用脑习惯

随时随地变聪明

目 标 不 应 太 大

懈怠时不必责备自己

● 养成一项行为习惯平均需要66天

到目前为止，我们说了许多能同时激发孩子及成人大脑的事情，而且能激发孩子大脑成长、提高能力的方法，与能提升成人大脑机能、防止功能下降的方法中，是存在着许多共通之处的。

我一直觉得，大脑就是"无法控制的存在"，听了老师您的介绍后我才明白，只要用心，就一定能变聪明。

您能这么说，我很欣慰！

但是，还有一个前提条件，那就是必须将这些事情作为习惯坚持下去，而不是偶尔心血来潮地做一两次，对吧？如果不持续给予大脑刺激，是激发不了任何变化的，所以每天或每周的坚持就非常重要了。

的确如此。比起半年打一次高尔夫，每天坚持散步 15 分钟更有助于大脑成长。

说到底，这就是问题所在。可是**要养成新的习惯不是很难吗**？就连让自己养成某种习惯都很难，更别说是让孩子做了。

我很明白。人要养成某种习惯本来就很难。我曾经是运动少年，因此长大成人后也不排斥跑步，但对于本身就不怎么运动的人来说，要养成跑步的习惯是相当困难的。

没错，我就很不喜欢。

不仅是运动，学习英语也好，练习健身也好，只要是对本人来说的"新事物"，基本上就很难养成习惯。所以，即使无法坚持，即使"三天打鱼，两天晒网"，也完全没有必要责备自己。

老师，您太善解人意了。（泪）

有研究表明，**将某项行为养成习惯，平均需要 66 天**[1]。也就是需要两个月以上。而且，虽说平均是 66 天，但实际上存在着很大的个体差异，既有只花了 18 天的，也有花了 254 天才养成习惯的。

需要花那么长时间啊！

是的，所以想要开始一件新的事情时，要做好心理准备——我要用两个月甚至半年的时间来养成这个新的习惯。
为什么培养新习惯这么困难呢？有研究表明，**在我们一天的行动中，有 45% 是来自习惯**[2]。也就是说，有近一半的行动是在下意识中完成的。

确实，那些习以为常，作为每天早上起床后的例行工作，可能每次都是下意识地重复着同样的事情。

是吧。即使睡眼惺忪、意识模糊，人也能正常行动。这是人类为了抑制大脑能量消耗而具备的功能。反过来说，要改变下意识形成的习惯是多么困难的事情啊。

啊，所以我们要把目标转化为下意识的习惯啊！

下意识的行动可以为大脑节约很多能量，所以很容易形成庞大的网络。为了养成新的习惯，我们需要调动那些平时不怎么使用的网络，这在大脑看来是一件"非常麻烦的事情"。大脑具有"维持现状的倾向"，会尽量避免尝试新事物。[3]

● 下次挑战时降低难度

我总是选择逃避……我常常找各种借口拖延新的工作。那就是说，我是个喜欢维持现状的人吗？

嗯，这很正常。突然要求一个平时不爱运动的人每天进行肌肉训练，他肯定会时不时琢磨"要不今天偷个懒吧"。但一个自制力高的人，也许就能克服这个问题……因此，"三天打鱼，两天晒网"是一件再正常不过的事情了。

是吗？我大受安慰啊。

很多人在"三天打鱼，两天晒网"的过程中，往往会反省"还没看到成果就放弃，太可惜了"。其实换个角度想想，"三天打鱼，两天晒网"至少也让我们体验到了新事物，不是吗？

啊，比如去上上英语会话课啦，去去健身房啦。

是的。虽然时间很短，但大脑依旧会记住英语会话课的氛围，在健身房运动时的感觉等信息。对此前的未知世界也有了具体的印象，这不就是收获了吗？如果在几年后，想要"拾起英语会话"，自然就不会有那么大的抵触心理了。

那我就不用太自责了。"三天打鱼，两天晒网"也完全没问题啊。

是的，不用有压力。

我可太认同您的说法了。

2

小 目 标 法 和 游 戏 法

有效降低大脑负担

● 利用大脑的下意识习惯

我明白了"三天打鱼两天晒网"也没关系的道理后，一下子就觉得轻松多了，也想让孩子多尝试挑战各种事物。但是，也会出现某些"我一定要养成这个习惯"的情况吧！

比如一定要养成运动的习惯，这种吗？

嗯嗯嗯……

确实，有些父母想让孩子养成每天踢足球的习惯，但孩子总改不了爱偷懒的毛病。然后父母就纳闷：踢好足球不是一件很开心的事吗？就那么难坚持吗……

这种时候，可以给孩子一些奖励，让他更有动力吗？

那也是个不错的方法，至少，这能成为孩子爱上这件事的一个原因。正如我刚刚提到的，养成习惯是很困难的，可以尝试所有我们能想到的方法。

但是，如果没得到奖励，孩子就会逐渐丧失动力吧。因为"我去补习班，你就会给我买小零食"，但是如果哪天得不到小零食了，他就瞬间失去了干劲。

这种情况，就需要用到我在第 4 章中曾提到过小目标法了。

终于出场了！

来吧

从大脑的结构上看，小目标法是非常合理的。前期的阶段目标应尽可能设定得简单一些，从他们一定能做到的事情开始。例如想养成慢跑的习惯，那就从在家门口穿鞋开始。

啊，您是在开玩笑吗？

这不是玩笑哦。如果想养成每周慢跑两次的习惯，那就先定好日期和具体时间，不管跑不跑都先穿好鞋，然后再象征性地动两下，就算完成了，就这么坚持几周。

这也能算运动？

没事的。不是为了运动而穿鞋，而是为了让大脑适应"暂停手头工作，穿上跑鞋"这个动作。

啊，原来如此。

之所以要分解成小的任务，是因为任务越小，越不容易产生排斥反应。大脑不会因此感到压力。或者说，这点儿麻烦还不足以让大脑产生抗拒。

就是在欺骗大脑吧！

是的，这几乎适用于任何情况。例如练习钢琴，只需要在规定的时间内坐到钢琴前面，打开盖子就行；如果是打鼓，那就象征性地敲一下；如果是学英语，那就翻开书看两眼。

我觉得这完全可以做到。

绝对可以，前面也提到很多次了，选择"绝对能做到的事"就能坚持下去。不知不觉间，穿上跑鞋就成了"理所当然"的事情了。

然后会发生什么情况呢？

然后就会想："要不跑两圈吧……""鞋都穿好了，总不能什么都不干就脱了吧？"

还真是，想想还挺有意思的。（笑）

对吧。（笑）但是如果为了跑而跑，很可能就会适得其反了。所以我们可以把下一阶段的目标设定为在家附近走一圈，或是去便利店往返一次，其实就是故意缩短距离。对于一个平时不怎么运动的人来说，让他一上来就走个 5 公里，第二天定会觉得腰酸背痛，就难免产生恐惧心理，甚至会因此变得更讨厌运动。

我要踏踏实实地从绝对能做到的事开始做起。老师，您现在也在用小目标法吗？

当然，例如我现在每周都会和家人一起慢跑两次，因为我想让孩子养成运动的习惯。我平时会做一些肌肉锻炼，也有跳绳的习惯，所以跑步对我来说不是什么难事。问题在于孩子，一下子让他跑个马拉松，他肯定也不乐意啊。所以在刚开始的时候，我每天晚上都会在饭后带着孩子在家附近跑上一小会儿。

哦哦！

大概坚持了半年左右，我开始慢慢增加距离，现在每天都能跑上两公里了。对于小学生来说，两公里的运动量是足够的。

两公里啊，很厉害啊！

开始尝试一件新事物的时候，无须太过勉强自己，只要做到自己能接受并感到快乐的程度就可以了。

我想顺便问问，您每天都去健身馆做肌肉训练吗？

没有没有。我很难保证每天都能抽出时间去健身馆，所以在公司和家里都准备了瑜伽垫，一有空闲，就在上面进行肌肉锻炼。每次做俯卧撑、仰卧起坐、锻炼背部肌肉各 20 次，基本也就是 3 分钟就能完成的训练量。去大学工作的空隙也能做。一天做 10 组左右。

每组 20 次，那应该不难做到……啊，这也算是小目标了。1 天 10 组，也就是说 1 天 200 次！

第 5 章

简单有效的用脑习惯

是的。每做一组都也可以转换心情哦。除此之外，小目标法对于解决课题或学习也是很有效的。一项以学生为对象的研究表明，明确设定目标并将其分割成小目标的做法，有助于提升最终目标的达成率[4]。

我在写书的时候，一想到"一个月要写 10 万字啊"，心情就会感到很沉重，愁得晚上都睡不着，但一想到"1 天只要 5000 字而已啊"，顿时就轻松了，感觉毫无压力。

我也深有感触。一开始，我也完全不懂该如何锻炼肌肉，只能每天做做俯卧撑、仰卧起坐、锻炼背肌、深蹲各 3 次，其实也就是小目标法。后来慢慢增加次数，就变成了现在的模式。

● 用"游戏化"创造机会

看起来，小目标法还真的很好用呢。但是，让孩子去做可能会有困难。孩子可能会说"爸爸，为什么光穿鞋不运动呢"。

的确，他们可能会难以理解。就像刚才说的，开始时，我只是和孩子在家附近跑步。一开始的设定的确需要下点功夫。例如可以先养成早上一起散步的习惯，再逐步发展成慢跑。阅读也是如此，让孩子养成了早餐前读绘本的习惯后，慢慢就能习惯早读了。

孩子越小，就越需要下功夫啊。

想让孩子养成某种习惯，也可以尝试将行为"游戏化"。在原本不是游戏的行为中加入"游戏的要素"，让孩子习惯这种行为本身。

嗯嗯，比如说?

对于没有彻底脱下尿布的孩子，可以在他上完厕所后奖励一张贴纸，他就能在收集贴纸的过程中感到开心，慢慢地就学会了自己上厕所。无论是学习还是帮忙，每做完一件事就奖励一张贴纸，"可视化"的东西会让孩子更有干劲，大脑也会慢慢习惯这种行为。

这个方法也适合成年人使用的。如果把锻炼视为一种健身游戏，而且再列出一个排行榜，相信所有人都会瞬间充满干劲的。

大部分关于研究"游戏化"对身心健康影响的研究结果都显示其有积极影响[5]。然而，尽管"游戏化"可以引发行为上的改变，但它是否也同时影响了内在动机（也就是"我想这么做！"的欲望），在大部分情况下都是未知的。也就是说，"我想要一张贴纸"的欲望一定是被成功激发了，但也许并没有激发"我要帮助你"的欲望。

就像一个只为工资工作的人……

确实存在这种风险。而最理想的状态肯定是主动行动，而非为了得到奖励而行动。

我经常和女儿玩"学校游戏"，我扮演老师，教她假名[*]、英语和数学。如果直接对她说："来学假名吧？"她肯定会拒绝。但如果说："要不要玩学校游戏？"她就会欣然答应了。当然，她可能只是单纯的"想和爸爸一起玩"而已。

这就是"游戏化"。通过"玩游戏"让孩子养成某种习惯。现在的问题在于如何将"游戏"与内在动机联系起来。例如表扬他的努力或进步。

创造一些机会，帮助他们养成习惯。

对于一个 4 岁左右的孩子来说，帮忙后最好的奖励其实是一句"谢谢你的帮助"。所以并非所有的情况下，都需要用胡萝卜引诱法，不听话的时候偶尔用用就好。

明白了。

当习惯与内在动机产生联系，例如认识到"锻炼是为了让我更健康"或"予人玫瑰，手有余香"时，我们的行为就会不断改变。

---

[*] 相当于日语的拼音。

番茄工作法

能长时间保持专注

● 学习25分钟后，休息5分钟

上文中，我们介绍了想要培养新习惯时，可以利用小目标法和游戏法。

这些看起来确实很实用啊，为了提高孩子的学习能力，我也想实际尝试一下。但我还想再具体了解一下"学习方法"。

请说。

老师，您大学毕业两次，而且进入医学部取得了医师执照，还拿到了博士学位，应该需要相当大的学习量，但每天的学习时间却只维持在 3 小时以内，是不是使用了非常高效的学习方法呢？

我在学生时代实际使用的学习法，现在想来更接近于"番茄工作法"。从大脑的结构来考虑也是合理的，在现在的工作和研究中，我也经常使用这个方法。

番茄？意大利面用的？

175

是的，这个说法可以说是来自意大利语。（笑）20 世纪 80 年代，意大利人弗朗西斯科·西里洛根据学生时代琢磨出的时间管理理论，提出了"**每工作 25 分钟就休息 5 分钟**"的时间管理法，之所以叫"番茄工作法"，据说只是因为当时他用的那个计时器是番茄形的。

我刚刚其实是开玩笑。（红脸）

方法很简单。首先，在学习和工作的地方，去除容易分散注意力的东西。把手机和平板电脑放在别的房间，把漫画整理到书架上。专注力是这个方法中的核心，所以要彻底排除那些可能会让你分散注意力的东西，至少不要让它们进入你的视野。

原来如此。我在工作的时候偶尔会放音乐，放音乐也会有影响吗？我都是选择不带歌词的曲子。

还是不要放音乐比较好。在精神高度集中的时候，虽然几乎听不到音乐，但是也有数据显示音乐会分散注意力、降低工作记忆，从而影响学业成绩 [6]。

原来如此。注意力要达到如此高度集中的程度啊。

收拾好学习环境后，把计时器设定为 25 分钟。如果用手机内置计时器，可能会忍不住半途抓起手机做点儿别的。所以就像西里洛先生那样，选用厨房计时器。去一些小商品店里就能买到那种计时器了。设定好后，就告诉自己接下来的 25 分钟只能"做这个"。

为了能在 25 分钟内完成任务，我们就需要把一个大的任务分割成几个小任务。其实我采访过的很多企业家都表示，处理多重任务的秘诀就在于如何分割成碎片。

的确如此。如果把任务调整到"25 分钟内刚好能完成"的程度，也能更好地提升专注力。

话说回来，25 分钟有什么根据吗？还是只是正好适合西里洛先生而已。

当然，时间长度可能因人而异，所以时间可以适当地延长或缩短。但研究表明，开始工作后的 10~20 分钟之间是专注力的鼎盛时期，之后就会慢慢下降。

专注力的程度是会产生波动的，且持续时间极短。

是的。就像是从顶峰坠入低谷般，因此在顶峰到来之际，保证专注工作是非常重要的。

听起来很有意思！

25 分钟后休息 5 分钟。闭上眼睛放松一下、听听音乐、活动活动身体、泡杯咖啡，转换一下心情。这段时间的重点就是"怎么舒服怎么来"。休息结束后，接下来的 25 分钟内又全力集中在下一项工作中。要记得一旦确定了周期，就一定要严格遵守。

严格遵守啊？也确实，即便专注了 25 分钟，但如果一休息就是25 分钟，工作效率肯定要下降的。

刚开始可能会有点不习惯，但只要每天坚持这个方法，就能找到"只休息5分钟"的节奏了。

休息5分钟的目的，是为了让大脑休息吗？

休息5分钟是为了暂时解除专注力，从这个意义上来说，也可以说是让大脑休息吧。而且研究表明，学习后的短时间休息，可以促进新记忆的巩固[8]。因此，在5分钟的休息时间里，要让自己尽量放松下来。

我可能会去看看网络上的新闻……

出于让前额叶皮层得到休息的目的，我不太推荐再去看多文字信息了。

但是，这个周期有点儿短啊。要是在公司里每工作30分钟就休息5分钟，肯定要挨老板一顿批吧？（笑）

工作效率高不就行了吗？对于那些在工作时总是难以集中注意力的人来说，如果改用"番茄工作法"，我相信无论是工作数量还是质量都会得到惊人的提高。
再看学校里的课程安排，日本中小学为50分钟一节课，大学为90分钟一节课，从专注力周期来看，我觉得都安排得太长了一些。

许多大人觉得，只要孩子乖乖地坐在座位上就够了，殊不知他们可能根本集中不了注意力。

即使坐了两个小时，如果注意力只在最初的 15 分钟里集中，那也谈不上什么效率了。

是吗？我好像明白了。我在家里写稿时，也出现过完全无法集中精神的情况。但我也没有太在意，总觉得只是偶然现象而已。以后我就可以改用"番茄工作法"来划分时间，避免再出现类似的情况了。

是的。只要暗示自己专注 25 分钟，就一定能提高效率。

● 每天学习的课程应尽量多样化

想要提高孩子的学习能力，还可以将"番茄工作法"与其他学习方法相结合。
一是"复习"。学过的内容在几天后再进行复习，记忆就会变得愈加牢固[9]。而且这时就不是单纯的背诵了，而是成了一种"有意义的学习"[10]。

有意义的学习？

就是能够灵活应用，能够顺藤摸瓜地找出需要快速处理的问题。大脑网络得到强化后，信息也变得容易被提取出来。另外，有数据显示，成绩越好的学生，在上完课的当日就复习所学知识的比例越高[11]。

也就是说，复习的目的在于，从单纯的死记硬背，转为将知识内化于心对吧？

是的，就是这么回事。另外，也有研究表明，与针对特定问题进行学习的"模块学习"相比，将不同问题交织在一起进行学习的"多样性学习"更能提升学生的考试成绩[12]。

能详细说说吗？

大致来说，假设一天学习 5 次，每次 30 分钟。把这段时间全部花在同一门学科上的，就是"模块学习"，而将这个时间分成语文、数学、理科、社会、英语学习的，就属于"多样性学习"。我曾经用的就是后一种方法学习。多样性学习更有助于大脑网络的连接。

啊！就是各个学科中学到的东西会在大脑中串联起来。

另外，也有研究表明，如果需要做笔记，建议加入视觉元素增加记忆力[13]。

视觉元素？那不就是荧光笔了吗……

那当然也是增强视觉效果的一种方式。对于急切想要记住的东西，可以试着画个简单的图，或是添加些插图，稍微改变一下做法就可以了。

我总觉得画图太浪费时间了……

但这种方法有助于形成永久记忆，从长远来看，不是更节约时间吗？

说得也有道理。有没有什么办法能在考试前快速提升自己的呢？

说到捷径啊……如果是一些能买到往年试题的考试，刷真题就是最佳方法了。有研究表明，在模拟考试中练习是最好的考试准备方法之一[14]。

原来如此！

还有研究表明，刷真题的真谛不在于"刷"这个动作，而是明白自己错在哪里，并重点攻克这些问题，起到温故而知新的作用，才能提高成绩[15]。因为学习又被称为挽回失败的过程。天天去解答那些已经掌握的题目，对成绩的提升是无丝毫帮助的。

我刚刚还琢磨，真有那种一直重复做同样题型的人吗……然后突然想到自己，我不就是那种一直重复自己会了的曲子，所以怎么也进步不了的人吗？（汗）

但是您会觉得很开心呀！不过如果真想练好吉他，还是要勇于面对自己的弱点。

您说的对。

● 父母徒劳无功也没关系吗？

至此，本章介绍了培养新习惯的小目标法、游戏法，以及提高学习和工作效率的番茄工作法等。

我准备的材料大约就是这些了，不知道您觉得还有什么不足之处吗？

唔……其实，还总觉得少了一点儿。我比较想了解的是，我们作为父母，有没有什么可以为孩子做的，或者说，可以帮助孩子变得更坚强、更幸福的……

哈哈。那您觉得少了一点儿，具体是指哪个方面呢？

只要持续给予大脑刺激，无论是孩子还是成人，大脑都会发生变化。怎么做对大脑有益，怎样培养习惯，这些我都已经了解了。但我还是不确定自己是否真能让孩子拥有幸福的人生。

原来如此。虽然父母都希望孩子幸福，但这样做可能会徒劳无功。

是的是的。我觉得很好的事，就推荐孩子去尝试了一下，结果发现反而弄巧成拙了。因为我根本不知道孩子的真正想法……

我很理解您。那么，在下一章里，我们就一起来思考这个问题吧。顺便说一下，我认为，父母完全可以建议孩子做一些不寻常的事情，即使徒劳无功也没有关系。

那不会有损自己在孩子心中的形象吗？

不会，而且，在为了孩子的将来而试错的过程中，父母其实也能对自己有一个更明确的认知。

真的吗？究竟是什么呢？

详情请见下一章。

提升脑力的终极武器

元认知

① 什么是元认知

客观地看待自己和世界

● 接受自己或他人原本的样子

在最后这一章中，我想和您聊聊"元认知"。

元认知……我记得您在第 4 章中提到过，元认知是我们获得幸福的关键。

没错。并且在上一章的最后，听到您说"有时候想提一些建议，却又担心没什么用，甚至徒劳无功"后，我更加觉得有必要好好谈一谈有关元认知的问题了。

那么，元认知具体是什么意思呢？

众所周知，为人父母都难免会有"望子成龙，望女成凤"的想法。

没错，每个父母都希望自己的孩子能学业有成，将来考入名牌大学。您也希望自己的孩子能成为医生吧。

没错。但是希望归希望，我不会强制孩子这么做的，因为我不想给他施加太多的压力，反而更希望他能够自己探索人生之路。

我也是这样想的，所以虽然我也很想为孩子的成长做些什么，但也会不断提醒自己，避免单方面地强加于孩子。然而这样犹豫的结果导致我总会提出一些无用的、不靠谱的建议。

我非常理解您的心情。但其实元认知的第一步便是认识到自己有"望子成龙，望女成凤"的想法。

啊，是这样啊。您的确说过元认知就是客观地认识自己。

是的，并且还要客观地看待他人，接受自己和他人最真实的样子。

为人父母因为太了解自己的孩子，所以反而很难走出"望子成龙，望女成凤"的误区。

确实有这种可能，但如果能够做到客观地看待孩子的事情，就可能会更了解孩子需要什么，向孩子提出的建议也会更有效果。

确实。这样可能就不会一直纠结且徒劳无功了。

而且让孩子学会元认知，还能让他过得更幸福。

哇哦，还有这个作用吗……

● 大脑不太思考关于自己的事情

的确，掌握元认知并不是一件简单的事情。因为我们的大脑每天都在以极快的运作速度处理各种各样的外界信息，没有多余的时间来处理关于自己的信息，所以很难做到客观地认识自己，分析自己所处的环境，以及处理自己所面临的问题等。

这么说来确实如此。我的大脑每天都在不停地思考眼前的工作。

虽然所谓的"数字排毒"是指人们在一段时间内远离智能手机和电脑等数字设备，但其本质其实是为我们提供了重新审视自己的时间。

原来"数字排毒"是这个意思啊，我还以为只是大家为了逃避工作的借口呢！（笑）

当然不是啦。（笑）我们平时很难意识到"自己的脑中存在的癖好和惯性思维"，因此抽出时间反省自己，发现自己身上这些宝贵的信息，对个人的成长是非常有帮助的。

那具体应该怎么做呢？像我这个年龄的自由职业者，和公司职员不一样，身边几乎没有能够给予我们反馈的人。我想不到该如何客观地审视自己。

我们可以把元认知看作是大脑的高级功能之一，通过反复给予刺激，使其形成巨大的神经网络，这样每个人都可以掌握元认知的方法。

请您详细说说！

元认知为什么重要

不被结果影响，努力做好当下的事

● 元认知是本书的"内在主题"

元认知是指能够审视自我、做出客观判断的能力。它要求我们学会接受事物原本的真相与本质。其实这本书从始至终都在强调元认知的重要性，因此在某种意义上，可以说元认知才是本书的"内在主题"。

啊？我完全没有注意到！

例如，我在第1章中所说的我们不能被 IQ 等标准所束缚，这其实就是一种元认知的思维方式。每个人的大脑都有缺陷，所以要坦然接纳自己和他人的缺陷。

原来如此……还有什么其他的例子吗？

"心理灵活性"也是如此。不要陷入自己无法变得更好的定向思维，而是要学会客观地思考自己在通过努力奋斗变得更好的道路上所面临的问题，以及克服困难和解决问题的方法。

原来如此。

此外，在第 2 章中我们针对"自我肯定感"聊了很多，其实也是在聊如何掌握元认知的思维方式。因为自我肯定感的高低只是表面现象，"接受自己本来的样子"就是自我肯定感。

我记得您说过要接受孩子最真实的样子，并帮助孩子发现自己身上的优点。

您真是一语中的。当我们收到他人的评价，并意识到"原来自己还有这样的优点"的时候，就是客观审视自己的好时机。在第 4 章中谈到的，如果能够控制情绪和感情，就能获得幸福这一点也属于元认知，不否定消极情绪而是选择接受也是元认知的做法，所以掌握元认知有助于提高我们的幸福感哦。

原来如此，消极的性格也是有优势的啊。"认同并接纳自己的性格"可能也是一种元认知吧。

"正念"是指专注于"当下"，客观地审视自己的状况，可以说也是一种元认知的训练方法。

我听说它好像类似于灵魂出窍，您别说，还真有点儿像呢。

此外，如果将第 5 章中提到的小目标法和番茄工作法与元认知相结合，还能得到更好的效果呢。无论是把事情分解成"一定能完成"的一个个小步骤，还是为自己准备一个 25 分钟内能完成的任务，其前提都是"能够客观地审视自己"，所以元认知可以帮助我们提升工作效率。不是遇到所有事情都只需要高喊一句"坚持就能胜利！"，口号其实没什么用。

哇，原来如此啊。原来毅力的对立面就是元认知啊。哈哈，感觉像是电影的结局处收回了伏笔一样。

● 通过求知欲掌握元认识

您曾经在哪里接受过关于元认知的思维训练吗？

说起来，我应该算是主动练习的结果吧。不过我向来不认为自己属于"头脑聪明"的人。

不不不，您太谦虚啦。

是真的，我在小学、初中和高中时的成绩都很差，而且考了两次医学部才考上，虽然如今的我看起来似乎比同龄人更成功一些，但我觉得这并非因为自己聪明，而是更擅长发现周围人的"优点"罢了。

这是什么意思呢？

举个例子，我能够客观地看待周围的同学"为什么脑子转得这么快""为什么语言这么丰富""为什么绘画审美出类拔萃"，等等。也就是发现他人拥有，而自己没有的能力，从而客观地认识自己。

这样啊，但您不会因此而产生过嫉妒的情绪吗？中学生或者高中生在遇到这种情况时很容易都会觉得"凭什么他比我……"，大人也会如此。

也许我天生就是这样的性格吧，确实没有嫉妒过。而且我每次都会思考什么是自己所需要的，以及自己应该提高什么能力。

这就是"心理灵活性"啊。

虽然我已经步入了学术的殿堂，但这里多的是比我头脑聪慧的人，也有很多早就在学术界占有一席之地的人。而我每每遇到他们，就会不自觉地思考"我有哪些不足之处？""我需要改进的地方有哪些？"等等。

好厉害啊，您是怎么做到的呢？

如今想想，可能是因为我在孩童时代求知欲旺盛的缘故吧。

话题又回到了求知欲上啊！

举个例子，如果一个从不在他人面前表现出努力的同学考了100分，可能有的同学就会垂头丧气地想"是我太笨了，他考100分是因为头脑聪明"，但也有同学会用"他跑步没我快"等其他自己擅长的事情来安慰自己，但我会思考"我和他的不同之处是什么？是不是我们学习的方法不同？好想学学人家的好办法啊"，这就是纯粹的好奇心。

那您想了解这些的时候，会去询问对方吗？

当然会问，即便现在也依旧如此。我现在是一名教授，同时也是一位经营者，无论是面对研究生们，还是其他的经营者或是职员，只要有不懂的地方，我都会真诚提问。这样做也确实让我受益匪浅。

不论是初高中生还是大人，一般来说都想尽量把自己优秀的一面展现给他人，强调自己的优越感。

我一直对这种事情毫无兴趣。看到他人的优点时，保持中立，做到"不气不馁"；发现自己的优点时，做到"不骄不躁"，这应该就是元认知的关键点吧。

"不骄不躁，不气不馁"，这句话说得真好啊。

自卑的人总是会将自己的缺点和失败归因于"我不行"，而自大的人往往迷失在"我很强"的虚荣中，无法直视自己的缺点和失败。所以，我们要时刻警惕"自卑"和"自大"，冷静地接受事情原本的样子，从而开始思考"该如何解决"，寻找建设性的方法。

第 6 章 提升脑力的终极武器

3 如何培养元认知

按下"暂停键"，接受真实的当下

● 元认知课堂

我这种大叔现在也能学会元认知吗？

当然可以啊。首先，停止目前所有的活动，然后好好思考，学会接受"自己最真实的模样"。

> **元认知的第一步：接受"自己最真实的模样"**
>
> · 接受自己的长处和短处
> · 接受来自职场和家庭的评价
> · 接受他人（包括孩子）的长处和短处
> · 接受所有的不愉快或失望

我觉得我可能做不到……

一下子改变当然是不可能的。但只要我们慢慢努力，人生就会变得大不相同。那时，我们就会发现自己不再自卑，对孩子的态度，以及与配偶、恋人、朋友、同事和领导的关系也会大不相同。

也就是学会了控制自己的情绪。

觉得自己或他们"不行！不能饶恕！"的时候，告诉自己要冷静、要接受，这就是元认知对我们的要求。

可是那种时候，我肯定是被气到情绪失控了，应该顾不了这么多了……

倒也不必强求自己每次都能控制好情绪。只要您有"元认知"的意识，并在大脑中不断强化这种意识就可以了。那么即便被气到情绪失控，也能在恢复理智后马上意识到"哎呀，我没有做到接受，没有做到元认知的要求"。

哦，我明白了。

而且，当您意识到自己"没有做到元认知的要求"时，其实就意味着大脑中关于元认知的网络已经被激活了，只要持续下去，这个网络就会变得更强大。

那我试试看吧。

至少，通过我们的谈话，您已经从过去"觉得大脑是无法靠后天努力改变"的思想，转变为"只要努力，就能改变"了，不是吗？

是的，这也是可塑性。

如果放弃，就永远无法获得元认知。但如果试着接受大脑的不均衡性，不自卑、不傲慢，就一定能获得元认知。

放弃，就意味着止步不前。

是的。从能做的开始做，一定会有改变。

好的，我会努力的！

我也要努力。

学会元认知，不再因孩子成绩而患得患失

我是编辑 T。当我看到孩子在补习班的数学考试中得到"偏差值 20 左右"的成绩时，我的大脑一片空白。我难以想象他怎么会考成这样……

所以，在我听完泷老师的理论说明后，明白了"元认知"才是我们这些面临孩子中学入学考试的父母们应该学会的知识。

作为父母，我们很难做到无论孩子取得什么成绩都能心平气和地接受，但我至少可以努力在面对他们的时候，心里默念："元认知，元认知……"

后 记

我有一个梦想。我想收集全世界最美丽的蝴蝶，然后建一个博物馆，永远留住它们的美丽。

小时候，我看到过一个非常美丽的蝴蝶标本，自那以后，我就对大自然有了极大的好奇心。在我的家乡——日本北海道旭川市立科学馆的一个角落，摆放着来自日本各地的蝴蝶标本，一只来自冲绳的蝴蝶，用它那动人心魄的美感动了我。我想将这种感动一代一代地传下去，所以一直想建立一个属于自己的蝴蝶博物馆。

想建立博物馆，就要做大量的准备工作，而且还要学会经营。

为此，我做了大量的功课，虽然我不确定要花多少年才能实现自己的这个心愿，但一想起到时候博物馆一定会迎来一个又一个眼睛里闪烁着浓浓求知欲的孩子，我就觉得一切的努力都没有白费。所以我努力让自己长长久久地维持健康的身心状态。

无论是通过打鼓来缓解压力，还是在工作间隙做做力量训练，或是和孩子们一起慢跑，都是因为想做，所以去做，究其原因，都是为了实现我的博物馆梦。若心怀梦想，自己所做的一切就将尽皆被赋予意义，生活的重量也将因此而改变，就连早晨起床都成了一件令人期待的事。

在本书第 2 章的"坚毅力"中，我对为"让孩子制定长期目标"的重要性做了简单的说明。只有从"为了学而学"转变为"为了实现梦想而学"后，脑力才能得到激发，并促使孩子不断奔向梦想。

成年人也是如此。拥有梦想，并拼尽全力去实现的过程中，我们的大脑会得到更好的开发，生活也将变得更加充实。

因此，我想在这本书中传达的一个重要信息，可能就是"成年人更该有梦想"。看到这里，也许许多人会说"我暂时想不出有什么梦想"。不要紧，试着回忆自己的过去，想起那些曾因各种各样的原因惨遭封印的梦想，并为它们解除封印吧。

多年来，我一直致力于痴呆症方面的研究，也在本书中详细说明了哪些运动、饮食和爱好有助于预防痴呆症。

不过，我更希望大家能抱着"我想这么做，是为了实现自己的梦想"的心态，而非"我想这么做，是为了预防痴呆症"。正确的心态，有助于良好生活习惯的养成，并使之更持久、更让人愉悦。

拥有梦想一辈子，大脑就能成长一辈子。衷心希望这本书能帮助大家实现自己的梦想。

泷靖之

参 考 文 献

第 1 章

[1] 瀧靖之監修『東大脳の育て方』2017 年、主婦の友社

[2] Gruber M.J. et al., Neuron, 84(2):486–96., 2014

[3] Mueller C.M. et al., *Journal of Personality and Social Psychology*, 75(1):33‐52., 1998

[4] Mangels J.A. et al., *Social Cognitive and Affective Neuroscience*, 1(2):75‐86., 2006

[5] Taki Y. et al., *NeuroImage*, 60(1):471–5., 2012

[6] Bouchard T.J. et al., *Science*, 212(4498):1055–9., 1981

[7] Shapka J.D. et al., *Educational Research and Evaluation*, 12(4): 347‐358., 2006

[8] Ray C.E. et al., *School Psychology Review*, 35(3): 493–501., 2006

[9] Bailey D. et al., *Journal of Research on Educational Effectiveness*, 10(1): 7‐39., 2017

[10] Coupe P. et al., *Scientific Reports*, 9:3998., 2019

[11] Goncalves JT et al., *Cell*, 167(4):897–914., 2016

[12] Schmidt–Hieber C. et al., *Nature*, 429:184‐187., 2004

[13] Dahlin E. et al., *Science*, 320(5882):1510–2., 2008

[14] Masui Y. et al., *Age,* 28(4): 353‐361., 2006

[15] Thompson R.A. et al., *American Psychologist*, 56(1):5–15., 2001

[16] Taki Y. et al., *Journal Affective Disorders*, 88(3):313‐320., 2005

第 2 章

[1] Gilbert S.J. et al ., *Current Biology*, 18(3):R110–4., 2008

[2] Miyake A., P Shah (Eds), "Models of working memory", Cambridge University Press, 1999

[3] Tangney J.P. et al., *Journal of Personality*, 72(2):271–324., 2004

[4]   Duckworth A.L. et al., *Psychological Science*, 16(12):939–44., 2005

[5]   Walter M. et al., *Journal of Personality and Social Psychology*, 21(2):204–218, 1972

[6]   Kashdan T.B. et al., *Motivation and Emotion*, 31(3):159–173, 2007

[7]   Ainley M. et al., *Journal of Educational Psychology*, 94(3):545‐561., 2002

[8]   Rathunde K. et al., *Journal of Youth and Adolescence*, 22:385‐405., 1993

[9]   Bergin D.A. *Journal of Leisure Research*, 24(3):225‐239., 1992

[10] Roberta M.M. et al., *Journal of Advanced Academics,* 8(3):111–120., 1997

[11] Moesch K. et al., *Talent Development and Excellence*, 5(2):85–100., 2013

[12] Root–Bernstein R. et al., *Journal of Psychology of Science and Technology*, 1(2):51‐63., 2008

[13] Dankiw K.A. et al., *PLoS ONE*, 15(2):e0229006., 2020

[14] Iacoboni M et al., *Nature Reviews Neuroscience*, 7(12):942–51., 2006

[15] Meltzoff A.N., *Developmental Psychology*, 24(4):470‐476., 1988

[16] Gajda A. et al., *Journal of Educational Psychology*, 109(2):269–299., 2017

[17] Bart WM et al., *International Online Journal of Education and Teaching*, 7(3):712–720., 2020

[18] Hansenne M. et al., *International Journal of Educational Research*, 53:264‐268., 2014

[19] Roger E.B. et al., *PNAS*, 115(5):1087–1092., 2018

[20] Mahmud M.M., *Procedia - Social and Behavioral Sciences*, 134:125–133., 2014

[21] Yahaya A. et al., *Archives Des Sciences*, 65(4):2–17., 2012

[22] Feitosa F. et al., *Temas em Psicologia*, 20(1):61–70., 2012

[23] Kennedy D. et al., *Trends in Cognitive Sciences*, 16(11):559–572., 2012

[24] Hart B. et al., *Developmental Psychology*, 28(6), 1096‐1105., 1992

[25] Hart B. et al. "Meaningful Differences in the Everyday Experience of Young American Children", Baltimore, MD: P.H. Brookes Publishing, 1995

[26] Fowler W., "Talking from Infancy: How to Nurture and Cultivate Early Language Development", Cambridge, MA: Brookline Books, 1990.

[27] Cascio N.C. et al., *Social Cognitive and Affective Neuroscience*, 11(4):621‐629., 2016

[28] Hosseini S.N. et al., *Iranian Journal of Psychiatry and Behavioral Science*, 10(1):e4307., 2016

[29] Harris P.S. et al., *Journal of Experimental Social Psychology*, 70:281–285., 2017

[30] 令和元年版「子供 若者白書」内閣府 2019 年

[31] Matsudaira I. et al., PLoS ONE, 11(4):e0154220., 2016

[32] 国立青少年教育振興機構「子供の頃の体験がはぐくむ力とその成果に関する調査研究」2018 年

[33] Mueller C.M. et al., *Journal of Personality and Social Psychology*, 75(1):33 - 52., 1998

[34] Dahlin E. et al., *Science*, 320(5882):1510-2., 2008

[35] アンジェラ　ダックワース著『やり抜く力 GRIT——人生のあらゆる成功を決める「究極の能力」を身につける』2016 年、ダイヤモンド社

[36] Duckworth A. et al., *Journal of Personality and Social Psychology*, 92(6), 1087 - 1101., 2007

[37] Maurer M. et al., *Journal of Happiness Studies* 17(5):2119 - 2147., 2016

[38] Lisa S. et al., *Child Development*, 78(1): 246-263., 2007

[39] Oettingen G. et al., *Social and Personality Psychology Compass*, 10(11):591-604., 2016

[40] 清水茜著『はたらく細胞』2015 年～、講談社

[41] デイビッド　エプスタイン著『RANGE（レンジ）知識の「幅」が最強の武器になる』2020 年、日経 BP

[42] 瀧靖之監修『東大脳の育て方』2017 年、主婦の友社

[43] 『プレジデント Family 2016 秋号』2016 年、プレジデント社

第 3 章

[1] Fisher L., *International Journal of Behavioral Development*, 20(1):67 - 82., 1997

[2] Albers E.M. et al., *Journal of Child Psychology and Psychiatry*, 49(1): 97-103., 2008

[3] Patricia K.K. et al., *PNAS*, 100 (15) 9096-9101., 2003

[4] Labby S. et al., *The Journal of Multidisciplinary Graduate Research*, 2(4):48-64., 2016

[5] Leahy M.A. et al., *Journal of Educational and Developmental Psychology*, 7(2):87-95., 2017

[6] Zajonc R.B., *Journal of Personality and Social Psychology*, 9(2, Pt.2), 1 - 27., 1968

[7] Gruber M.J. et al., *Neuron*, 84(2):486-96., 2014

[8] Hoffman M.L., *Developmental Psychology*, 11(2), 228 - 239., 1975

[9] Klein P.J. et al., *Developmental Science*, 2(1): 102 - 113., 1999

[10] Bargh J.A. et al. *Journal of Personality and Social Psychology*, 71(2):230 - 244., 1996

[11] Chaddock L. et al., *Brain Research*, 1358:172-83., 2010

[12] Hashimoto T. et al, *Developmental Neuroscience*, 37(2):153-60., 2015

[13] Stettler N. et al. *Obesity Research*, 12(6):896-903., 2004

[14] Hillman C.H. et al., *Neuroscience*, 159(3):1044–54., 2009

[15] Raine L.B. et al., *PLoS One*, 8(9):e72666,. 2013

[16] Roig M. et al., *PLoS ONE*, 7(9): e44594., 2012

[17] Iwayama K. et al., *EBioMedicine*, 2(12):2003–9., 2015

[18] Hudziak J.J., et al. *Journal of the American Academy of Child and Adolescent Psychiatry*, 53(11):1153–61, 1161.e1–2., 2014

[19] 藤澤隆史ら , 情報処理学会誌 , 50(8):764–770., 2009

[20] Johnson J. et al., *Cognitive Psychology*, 21(1):60–99., 1989

[21] Lenneberg E.H. "Biological Foundations of Language", New York: John Wiley & Sons, 1967

[22] Frans B.M. et al., *Nature Reviews Neuroscience*, 18:498 – 509., 2017

[23] Konrath S.H. et al., *Personality and Social Psychology Review*, 15(2):180–198., 2011

[24] Dewald J.F. et al., *Sleep Medicine Reviews*, 14(3):179–89., 2010

[25] Blume C. et al., *Frontiers in Human Neuroscience*, 9:105., 2015

[26] Rasch B. et al, *Physiological Reviews*, 93(2):681–766., 2013

[27] Wassing R. et al., *Current Biology*, 29(14):2351–2358.e4., 2019

[28] Wagner U. et al., *Nature*, 427:352 – 355., 2004

[29] Hirshkowitz M. et al., *Sleep Health*, 1(1):40–43., 2015

[30] Stutz J. et al., *Sports Medicine*, 49(2):269–287., 2019

[31] Chang A.M. et al, *PNAS*, 112(4):1232–1237., 2015

[32] Layman D.K. et al., *Nutrition Review*, 76(6):444–460., 2018

[33] Binks H. et al., *Nutrients*. 12(4):936., 2020

[34] Alahmary S.A. et al., *American Journal of Lifestyle Medicine*, 2019

[35] Lana A. et al., *Aging and Disease*, 10(2):267–277., 2019

[36] Taki Y. et al, *PLoS ONE*, 5(12):e15213., 2010

[37] Otsuka R. et al., *European Journal of Clinical Nutrition*, 75(6):946–953., 2020

[38] Ozawa M. et al., *American Journal of Clinical Nutrition*, 97(5):1076–82., 2013

[39] Schaefer E.J. et al., *Archives of Neurology*, 63(11):1545–50., 2006

[40] Takeuchi H. et al, *Molecular Psychiatry*, 21:1781 – 1789., 2016

[41] アンデシュ　ハンセン著『スマホ脳』2020 年、新潮社

[42] Berlyne D.E. *Science*, 153(3731):25–33., 1966

[43] Schultz W., *Physiological Reviews*, 95(3):853–951., 2015

[44] Berlyne D.E., *British Journal of Psychology*, 41(1–2): 68–80., 1950

[45] Leroy S., *Organizational Behavior and Human Decision Processes*, 109(2):168 – 181., 2009

[46] Liu D. et al. *Journal of Research in Personality*, 64:79–89., 2016

第 4 章

[1] Baltes P.B. et al., *Psychology and Aging*, 12(3):458－472., 1997

[2] Cotman C.W. et al., *Trends in Neurosciences*, 30(9):464–72., 2007

[3] Erickson K.I. et al. *Neuroscientist*, 18(1):82–97., 2012

[4] El–Sayes J. et al., *The Neuroscientist*, 25(1):65–85., 2019

[5] Cotman C.W. et al., *Trends in Neurosciences*, 30(9):464–72., 2007

[6] Rovio S. et al., *The Lancet Neurology*, 4(11):705–11., 2005

[7] Voss M.W. et al., *Frontiers in Aging Neuroscience*, 2:32., 2010

[8] Marco E.M. et al., *Frontiers in Behavioral Neuroscience*, 5:63., 2011

[9] Heijnen S. et al., *Frontiers in Psychology*, 6:1890., 2015

[10] Patrick R.P. et al., *the FASEB Journal*, 29(6): 2207–2222., 2015

[11] Zschucke E. et al., *Psychoneuroendocrinology*, 51:414–25., 2015

[12] Northey J.M. et al., *British Journal of Sports Medicine*, 52:154－160., 2018

[13] Oppezzo M. et al., *Journal of Experimental Psychology: Learning, Memory, and Cognition*, 40(4), 1142－1152., 2014

[14] Soga K. et al., *Journal of Cognitive Enhancement*, 2:200－207., 2018

[15] Ranjana K.M. et al., *International Journal of Environmental Research and Public Health*, 13(1):59., 2016

[16] Taki Y. et al., *Human Brain Mapping*, 34(12):3347–53., 2012e

[17] Gruber M.J. et al., *Neuron*, 84(2):486–96., 2014

[18] Chattarji S. et al., *Nature Neuroscience*, 18(10):1364–75., 2015

[19] Antoniou M. et al. *Neuroscience and Biobehavioral Reviews*, 37(10 Pt 2):2689–98., 2013

[20] Bavishi A. et al. *Social Science and Medicine*, 164:44–48., 2016

[21] Seinfeld S. et al. *Frontiers in Psychology*, 4:810., 2013

[22] Tucker A.M. et al., *Current Alzheimer Research*, 8(4):354–60., 2011

[23] Park, D.C. et al. *Psychological Science*, 25(1): 103－112., 2014

[24] Rogenmoser L. et al., *Brain Structure and Function*, 223(1):297–305., 2017

[25] Verghese J. et al., *New England Journal of Medicine*, 348:2508–2516., 2003

[26] Chanda M.L. et al., *Trends in Cognitive Sciences*, 17(4):179–93., 2013

[27] Taruffi L. et al., *Scientific Reports,* 7:14396., 2017

[28] Kennedy D. et al., *Trends in Cognitive Sciences*, 16(11):559–572., 2012

[29] Wu C. et al. *Journal of Epidemiology and Community Health*, 70(9):917–23., 2016

[30] Rohwedder S., et al., *J Econ Perspect*, 24(1): 119–138., 2010

[31] James B.D. et al. *Journal of the International Neuropsychological Society*, 17(6):998–1005., 2011

[32] Ertel K.A. et al. *American Journal of Public Health*, 98(7): 1215 – 1220., 2008

[33] Cacioppo J. et. al., *Trends in Cognitive Sciences*, 13(10):447–54., 2009

[34] Dodge H.H. et al. *Alzheimer's and Dementia*, 1(1):1–12., 2015

[35] Umeda–Kameyama Y. et al., *Geriatrics and Gerontology International*, 20(8): 779–784., 2020

[36] Kang J.H. et al., *Annals of Neurology*, 57(5):713–20., 2005

[37] Masuzaki H. et al. *Journal of Diabetes Investigation*, 10(1):18–25., 2019

[38] Noguchi–Shinohara M. et al., *PLoS ONE*, 9(5):e96013., 2014

[39] Schaefer E.J. et al., *Archives of Neurology*, 63(11):1545–50., 2006

[40] Ozawa M. et al., *American Journal of Clinical Nutrition*, 97(5):1076–82., 2013

[41] Luciano M. et al., *Neulorogy*, 88 (5):449–455., 2017

[42] Morris MC. et al., *Alzheimer's and Dementia,* 11(9):1015 – 1022., 2016

[43] Martin C.K. et al. *JAMA Internal Medicine*, 176(6):743–52., 2016

[44] Qiu X. et al., *Biochimica et Biophysica Acta - Proteins and Proteomics*, 1804(8):1576–1583., 2010

[45] Sasano T. et al., *Current Pharmaceutical Design,* 20(16):2750–2754., 2014

[46] Robinson E. et al., *The American Journal of Clinical Nutrition*, 97(4):728–42., 2013

[47] Xie L. et.al., *Science*, 342(6156)373–377., 2013

[48] Kripke D.F. et al., *Archives of General Psychiatry*, 59:131–136., 2002

[49] Jackowska M. et al., *PLoS One*, 7(10):e472922012., 2012

[50] Chen J.C. et al., *Alzheimer's and Dementia.*, 12(1):21–33., 2016

[51] Sabia S., et al., *Nature Communications*, 12:2289., 2021

[52] Li L. et al., *Frontiers in Psychiatry*, 11:877., 2020

[53] Frey B.S. et al., *Science*, 331(6017):542–3., 2011

[54] Diener E. et al., *Psychlogical Science*, 13(1):81 – 84., 2002

[55] Borgonovi F., *Social Science and Medicine*, 66(11):2321–34., 2008

[56] Walsh L.C. et al., *Journal of Career Assessment*, 26(2):199 – 219., 2018

[57] Mauss I.B. et al., *Emotion*, 11(4):807 - 815., 2012

[58] Lee WE. et al., *Psychological Medicine*, 36(3):345–351., 2006

[59] Tibi–Elhanany Y. et al., *Israel Journal of Psychiatry and Related Sciences*, 48(2):98–106., 2011

[60] van Doorn J. et al., *Emotion Review*, 6(3): 261 - 268., 2014

[61] Gruber J. et al., *Emotion*, 13(1):1–6., 2013

[62] Sedikides C. et al., *Emotion*, 16(4):524 - 539., 2016

[63] Oba K. et al. *Social Cognitive and Affective Neuroscience*, 11(7):1069 - 1077., 2016

[64] Schacter D.L. et al., *Annals of the New York Academy of Sciences*, 1124:1–38., 2008

[65] Buckner R.L. et al., *Nature Reviews Neuroscience*, 20:593 - 608., 2019

[66] Lazar S.W. et al., *Neuroreport*, 16(17):1893 - 1897., 2005

[67] Leung M.K. et al., *Social Neuroscience*, 13(3):277–288., 2018

[68] Chiesa A. et al., *The Journal of Alternative and Complementary Medicine*, 15(5):593–600., 2009

[69] Taki Y. et al., *Alcoholism*, 30(6):1045–50., 2006

[70] Taki Y. et al., *Neuroradiology*, 55(6):689–95., 2013

[71] Livingston G. et al., *The Lancet*, 390(10113):2673–2734., 2017

[72] Taki Y. et al., *Obesity*, 16(1):119–24. 2008

[73] Taki Y. et al., *Human Brain Mapping*, 32:1973 - 1985., 2012d

[74] Lee H.J. et al., *Clinical Nutrition Research*, 7(4):229–240., 2018

第5章

[1] Lally P. et al., *European Journal of Social Psychology*, 40(6): 998–1009., 2010

[2] Neal D.T. et al., *Current Directions in Psychological Science*, 15(4):198 - 202., 2006

[3] Samuelson W. et al., *Journal of Risk and Uncertainty*, 1:7–59., 1988

[4] Sheeran P. et al., *Pers Soc Psychol Bull*, 31(1):87–98., 2005

[5] Johnson D. et al., *Internet Interventions*, 6: 89–106., 2016

[6] Christopher E.A. et al., *Journal of Applied Research in Memory and Cognition*, 6(2):167–173., 2017

[7] Stuart J. et al., *Lancet*, 312:514–516., 1978

[8]   Wamsley E.J., *Trends in Cognitive Sciences*, 23(3):171–173., 2019

[9]   Bahrick H.P. et al., *Journal of Experimental Psychology*, 13(2):344–349., 1987

[10] Karpicke J.D., *Current Directions in Psychological Science*, 21(3):157–163., 2012

[11] Liles J. et al., MedEdPublish, https://doi.org/10.15694/mep.2018.0000061.1 2018

[12] Rohrer D. et al., *Instructional Science*, 35:481 – 498., 2007

[13] D'Angiulli A. et al., *Frontiers in Psychology*, 4(1):1–18., 2013

[14] Olusola O. et al., *Review of Educational Research*, 87(3):544 – 582., 2017

[15] Kornell N. et al., *Journal of Experimental Psychology: Learning, Memory, and Cognition*, 41(1):283–294., 2015

图书在版编目（CIP）数据

学习脑科学 ／（日）泷靖之，（日）乡和贵著；潘郁灵译 . -- 北京：国际文化出版公司，2022.9（2023.6 重印）
ISBN 978-7-5125-1362-4

Ⅰ . ①学… Ⅱ . ①泷… ②乡… ③潘… Ⅲ . ①儿童－智力开发 Ⅳ . ① G610

中国版本图书馆 CIP 数据核字 (2022) 第 005075 号

北京市版权局著作权合同登记号 图字：01-2022-4896 号

NOIGAKU NO SENSEI ATAMA GA YOKUNARU KAGAKUTEKINA HOHO WO OSHIETE KUDASAI written by Yasuyuki Taki, interview by Kazuki Go
Copyright © 2021 by Yasuyuki Taki. All rights reserved.
Originally published in Japan by Nikkei Business Publications, Inc.
Simplified Chinese translation rights arranged with Nikkei Business Publications, Inc. through CREEK & RIVER Co., Ltd.

学习脑科学

作　者	[日]泷靖之　乡和贵
译　者	潘郁灵
统筹监制	张其欣
责任编辑	吴赛赛
品质总监	张震宇
出版发行	国际文化出版公司
经　销	国文润华文化传媒（北京）有限责任公司
印　刷	永清县晔盛亚胶印有限公司
开　本	787 毫米 ×1092 毫米　32 开
	7 印张　120 千字
版　次	2022 年 9 月第 1 版
	2023 年 6 月第 2 次印刷
书　号	ISBN 978-7-5125-1362-4
定　价	59.80 元

国际文化出版公司
北京朝阳区东土城路乙 9 号　　邮编：100013
总编室：（010）64270995　　传真：（010）64270995
销售热线：（010）64271187
传真：（010）64271187-800
E-mail：icpc@95777.sina.net